오 직 (Sola)

권기호 지음

오직 예수 중심

오직 교회 중심

오직 말씀 중심

오직 믿음 중심

오직 영광 중심

엘맨

오직

초판 1쇄 | 2023년 3월 30일

지 은 이 | 권 기 호
펴 낸 이 | 이 규 종
펴 낸 곳 | 엘맨출판사
등   록 | 제10-1562(1985. 10. 29)
주   소 | 서울 마포구 토정로222 422-3
전   화 | 02) 323-4060
팩   스 | 02) 323-6416
이 메 일 | elman1985@hanmail.net
홈페이지 | www.elman.kr
I S B N | 978-89-5515-057-5
정   가 | 12,000 원

* 이 책은 저작권법에 의해 보호를 받는 저작물이므로
  무단 전재와 무단복제를 하거나 전산장치에 저장할 수 없습니다.

　권기호 목사님께서는 '오직'이라는 이 책을 통해 예수님을 따르는 성도들의 신앙의 중심이 무엇으로 이루어져 있어야 하는가를 선명하게 제시하고 있습니다. 오랜 목회 경험과 목사님 스스로의 뜨거운 신앙생활과 성경 말씀과의 지난한 싸움의 결과로 깨우친 승리하는 신앙생활의 진면목을 이 책을 통하여 보여주고 있습니다.

　예수님께서 다시금 이 땅에 오실 때까지 성숙한 신앙을 갖기 위해서는 오직 무엇을 중심으로 신앙생활하여야 할 것인가를 이 책을 통해 소개하고 있습니다. 권기호 목사님께서 소개하고 있는 '오직'은 성경 말씀에 의하여 너무나 체계적이며 간단명료하게 신앙생활을 제시하여 성도들의 바람직한 신앙생활이 성숙하도록 안내하고 있습니다.

　'오직 예수 중심', '오직 교회 중심', '오직 말씀 중심', '오직 믿음 중심', '오직 영광 중심', 이렇게 5가지 주제 중심을 소개하여, 5가지 중심의 주제가 서로 유기적인 관계를 이루고 있으며, 이러한 유기적 관계를 통해 성도들이 아름다운 신앙의 결실을 맺도록 소개하는 이 귀한 책은 한국교회 성도들에게 선물과도 같습니다. 이 책을 통하여 굳건한 믿음을 갖기를 바랍니다.

기독교대한하나님의성회성경총회

총회장 목사 정순경 박사

추·천·서

　목회자이며 신학자이신 권기호 목사님은 신자들이 일생동안 신앙생활 하면서 붙잡고 가야할 중요한 원칙 다섯 가지를 "오직"이라는 접두어를 통하여 강조하고 있습니다.

　오직 예수 중심, 오직 교회 중심, 오직 말씀 중심, 오직 믿음 중심, 오직 영광 중심의 다섯 가지 원리를 성경 본문을 바탕으로 하여 쉽게 풀어서 설명하고 있습니다.

　권기호 목사님이 심혈을 기울여 저술한 이 책은 한국 교회 신자들뿐만 아니라, 신자를 바르게 교육시켜야 하는 사명을 가진 목회자들에게도 목회의 지침서로 적극 추천합니다.

내수교회 담임목사 정병구 박사

　요즘 세대의 그리스도인은 어느 때보다 다양한 신앙 메시지를 들을 수 있는 환경에 있습니다. 이렇게 해야 한다, 저렇게 해야 한다 삶의 태도를 말하는 좋은 내용들이 많으니 오히려 '그래서 정말 중요한 것이 무엇인가?'를 생각해보게 됩니다.

　본질은 보이는 것과 다를 때가 많습니다. 예를 들어 우리가 자주 먹는 달걀 안에서, 실제 병아리가 되는 부분은 노른자도 흰자도 아닌 그 사이에 있는 작은 점인 '배아'라고 합니다. 노른자, 흰자는 양분을 공급할 뿐, 실제 생명이 나는 곳은 우리 생각과 달리 아주 작은 점 하나에 있습니다.

　이 책은 '오직'이라는 제목에 걸맞게, 예수를 중심으로 교회, 말씀, 믿음, 영광에 대해서만 집중해서 전하고 있습니다. 미사여구보다는 투박하고 간결한 메시지로, 성경을 짚어가며 본질을 돌아보게 합니다.

　책을 읽는 모든 분들이 우리가 당연히 안다고 생각했던 주제들에 대해 다시금, 깊이 묵상할 수 있는 계기가 되셨으면 좋겠습니다.

이동녁 (무신사 팀장, 예수비전교회)

머·리·말

    종교개혁자들이 가진 신앙을 한 마디로 말하면 "오직"입니다. "오직"은 대단히 중요한 단어이며, 슬로건입니다. 그러나 이 세상이 다원주의 시대화가 되어지면서 "오직"이라는 절대적 진리가 무너지고 있습니다. 참으로 안타까운 현실입니다. 이러한 시대에 다시 종교개혁자들의 신앙으로 돌아가 "오직"이라는 신앙을 회복했으면 합니다.

    "오직"이라는 말의 의미는 단 하나의 절대적 진리만을 인정한다는 것입니다. 또한 단 하나의 목표만을 향해 질주한다는 것입니다. 그리고 단 하나의 목적만을 위해 목숨을 건다는 것입니다.

    성경에는 오직이라는 단어는 굉장히 많이 나타나고 있습니다. 그 중에 몇 가지를 보면, 신명기 28:13에서 "...오직 너는 내가 오늘 네게 명령하는 네 하나님 여호와의 명령을 듣고 지켜 행하며..."라고 했습니다. 여호수아 1:7에서 "오직 강하고 극히 담대하여 나의 종 모세가 네게 명령한 그 율법을 다 지켜 행하고 우로나 좌로나 치우치지 말라 그리하면 어디로 가든지 형통하리니"라고 했습니다. 여호수아 23:8에서 "오직 너희의 하나님 여호와께 가까이 하기를 오늘까지 행한 것 같이 하라"고 합니다. 여호수아 24:15에서 "...너희가 섬길 자를 오늘 택하라 오직 나와 내 집은 여호와를 섬기겠노라 하니"라고 합니다.

    따라서 인생에 있어서 너무나 중요한 단어가 오직입니다. 오직이라는 진리를 올바로 알고 생활하면, 인생은 완전히 변화되게 되어 있습니다. 그러므로 오직이라는 다섯 번의 읽는 설교를 통해 인생에 목숨을 걸만한 가치관이 무엇인지를 생각하고 깨닫고, 발견했으면 합니다. 금번 "오직"이라는 책의 출판을 통해 작은 부분이지만 신앙 회복에 도움이 되었으면 합니다. 특별히 이 책을 위해서 추천서를 써 주신 분들과 우리 가족들과 동료들, 지인들 그리고 엘맨 출판사 이규종 장로님에게 진심으로 감사를 드립니다.

차례

01 오직 예수 중심   9

02 오직 교회 중심   31

03 오직 말씀 중심   55

04 오직 믿음 중심   79

05 오직 영광 중심   103

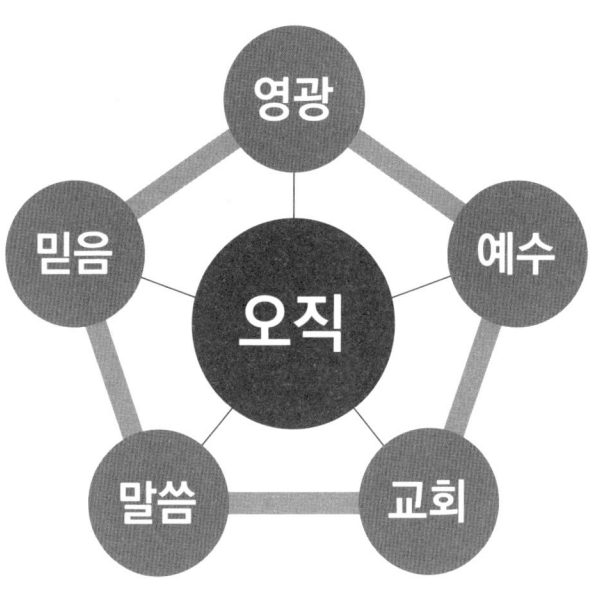

01
오직 예수 중심

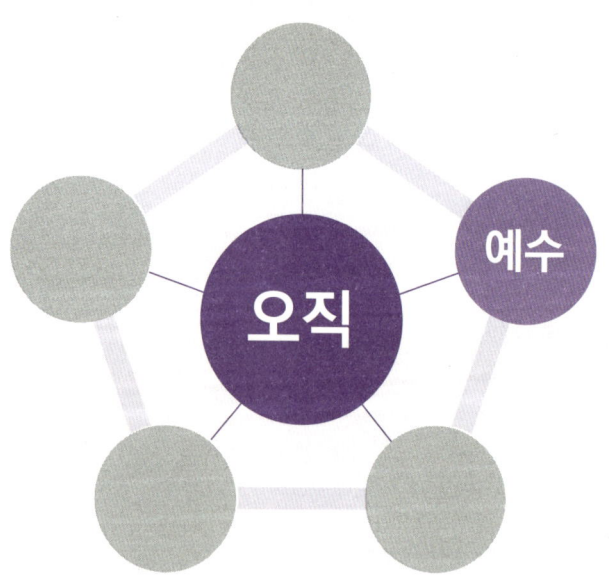

01 | 오직 예수 중심

성경 : 로마서 14 : 7 - 9 / 마 17 : 1 - 8

　세상의 모든 것에 가장 중요한 것이 중심입니다. 검찰과 법원을 표시하는 마크에 보면, 항상 양쪽에 저울이 있습니다. 검찰은 양쪽 저울을 두고, 그 밑에 검찰이라고 쓰여져 있습니다. 그러나 법원은 양쪽 저울을 두고, 사람이 그 저울을 들고 있습니다. 검찰과 법원 둘 다 양쪽 저울에 중심을 잡아야 한다는 의미를 가지고 있습니다. 검찰과 법원이 그 중심을 잃어버리면 모든 것이 끝나기 때문입니다.

　우리의 신앙도 마찬가지입니다. 신앙생활에는 중심이 필요합니다. 중심을 잃어 버리면, 결국 신앙이 무너집니다. 여기 볼펜이 있습니다. 중심을 잘 잡고 있어야 절대로 넘어지지 않습니다. 만약에 중심이 한쪽으로 기울어지거나, 한쪽으로 쏠리게 되면 곧 바로 무너집니다. 집을 지을 때도 마찬가지입니다. 중심을 잡아가면서 집을 건축해야 합니다. 특별히 지붕 슬래브를 콘크리트를 칠 때 무게 중심이 한쪽으로 쏠리면 결국 무너집니다. 이와 같이 우리 역시 신앙 생활하는데 가장 중요한 것이 바로 중심입니다.

그럼 우리가 잡아야 할 신앙의 중심이 무엇입니까? 첫 번째로 우리의 신앙에 가장 중요한 것은 오직 예수님 중심이어야 합니다. 신구약성경의 중심이 예수님이고, 우리의 신앙의 중심도 예수님이어야 합니다.

지금은 고인이 되신 김준곤 목사님은 한국교회를 대표하시는 분 중의 한 분이셨고, 대학생 선교회 C.C.C.를 설립하고, 한평생을 젊은이들을 위해서 사역을 하셨습니다. 그분이 젊은이들이 모인 여름 수련회 특별 강사로 오셨습니다.

젊은이들 앞에서 그리 길지 않은 설교를 마치시기 전에 학생들에게 이렇게 말씀했습니다. "제가 여러분에게 어떤 질문을 하든지 여러분들은 '오직 예수'라고만 대답하십시오."라고 했습니다. 그리고는 질문을 시작하셨습니다. 우리의 구원은 누구입니까? 오직 예수! 우리의 힘은 누구입니까? 오직 예수! 우리의 지혜는 누구입니까? 오직 예수! 우리의 능력은 누구입니까? 오직 예수! 우리의 보배는 누구입니까? 오직 예수! 인류의 소망은 누구입니까? 오직 예수! 생명의 주인은 누구입니까? 오직 예수! 나는 누구의 것입니까? 오직 예수! 나는 누구를 위해 삽니까? 오직 예수! 잠을 자도? 오직 예수! 밥을 먹어도? 오직 예수! 공부해도? 오직 예수! 집에 있을 때에도? 오직 예수! 학교에서도? 오직 예수! 매일 매일? 오직 예수! 어디에 있어도? 오직 예수! 무엇을 해도? 오직 예수! 세상 끝까지? 오직 예수! 영원토록? 오직 예수!

이렇게 김준곤 목사님은 그 유명한 '백문일답'을 통해서 젊은이들 가슴에 오직 예수를 심어주었습니다. 이런 집회에 참석할 정도의 열심 있는 젊은이라면 누가 그것을 모르겠습니까? 오직 예수, 그것은 교회에 다니는 사람이라면 누구나 다 아는 기본 중의 기본입니다. 그런데 김준곤 목사님의 질문은 단순히 우리의 지식을 확신하는 질문이 아니었습니다. 당신은 정말 예수님을 가장 귀한 분으로 믿고 있습니까?, 당신은 정말 예수님을 생명의 주인으로 섬기고 있습니까?, 당신은 정말 예수님을 위해 모든 것을 다 포기할 수 있습니까?, 당신은 정말 예수님을 유일한 소망으로 삼고 있습니까?, 당신은 정말 예수님이 없이는 못삽니까?, 당신은 정말 오직 오직 오직 예수입니까? 바로 이것을 묻고 계셨던 것입니다.

그때 그 자리에 있던 젊은이들은 김준곤 목사님의 마음을 깨닫기 시작하자, 모든 젊은이들은 오직 예수라고 대답할 자신이 없었습니다. 그러나 목사님의 질문이 이어지면서 오직 예수라는 대답대로 살고 싶은 간절함이 생겼습니다. 그리고 진정으로 그렇게 살겠다는 결단으로 오직 예수를 외쳤습니다. 사실 처음에는 장난으로 따라 하던 학생들도 있었습니다. 하지만 '오직 예수, 오직 예수'를 외치면서 사람들의 마음은 점점 뜨거워지는 것을 느꼈습니다. 농담 비슷하게 따라 하던 젊은이들도 시간이 얼마 지나지 않으면서 서로 같은 마음으로 오직 예수를 외치고 있었습니다.

1. 오직 예수 중심으로 산다는 것이 무엇입니까?

　마태복음 17:1-8, "1. 엿새 후에 예수께서 베드로와 야고보와 그 형제 요한을 데리시고 따로 높은 산에 올라가셨더니 2. 그들 앞에서 변형되사 그 얼굴이 해 같이 빛나며 옷이 빛과 같이 희어졌더라 3. 그 때에 모세와 엘리야가 예수와 더불어 말하는 것이 그들에게 보이거늘 4. 베드로가 예수께 여쭈어 이르되 주여 우리가 여기 있는 것이 좋사오니 만일 주께서 원하시면 내가 여기서 초막 셋을 짓되 하나는 주님을 위하여, 하나는 모세를 위하여, 하나는 엘리야를 위하여 하리이다 5. 말할 때에 홀연히 빛난 구름이 그들을 덮으며 구름 속에서 소리가 나서 이르시되 이는 내 사랑하는 아들이요 내 기뻐하는 자니 너희는 그의 말을 들으라 하시는지라 6. 제자들이 듣고 엎드려 심히 두려워하니 7. 예수께서 나아와 그들에게 손을 대시며 이르시되 일어나라 두려워하지 말라 하시니 8. 제자들이 눈을 들고 보매 오직 예수 외에는 아무도 보이지 아니하더라"

 베드로와 야고보와 그 형제 요한은 '오직 예수 외에는 아무도 보이지 아니하더라'고 합니다. 5절에 제자들이 말할 때에, 6절에 제자들이 듣고, 8절에 제자들이 눈을 들고 보았다고 했습니다. 변화산에서 영광스러운 예수님을 체험한 자는 '오직 예수 외에는 아무도 보이지 아니하더라'고 합니다.

 이 말씀의 의미는 크게 세 가지입니다. 첫째, 오직 예수님만 바라보아야 합니다. 히브리서 12:2에서 " 믿음의 주요 또 온전하게 하시는 이인 예수를 바라보자"라고 말씀하신 바와 같이 오직 예수만 바라보아야 합니다. 둘째, 오직 예수님만 증거해야 합니다. 사도 바울은 고린도전서 2:1-2에서 "1. 형제들아 내가 너희에게 나아가 하나님의 증거를 전할 때에 말과 지혜의 아름다운 것으로 아니하였나니 2. 내가 너희 중에서 예수 그리스도와 그가 십자가에 못 박히신 것 외에는 아무 것도 알지 아니하기로 작정하였음이라"라고 고백합니다. 바울처럼 오직 예수만 전파해야 합니다. 셋째, 오직 예수님만 들어야 합니다. 더 이상 세상의 소리에 귀를 기울일 필요가 없습니다. 우리의 귀가 오직 예수만 들어야 합니다. 생명의 양식이 되시는 그분의 소리만 들어야 합니다. 그렇게 함으로 오직 예수 중심으로 살아야 합니다.

 로마서 14:7-9, "7. 우리 중에 누구든지 자기를 위하여 사는 자가 없고 자기를 위하여 죽는 자도 없도다 8. 우리가 살아도 주를 위하여 살고 죽어도 주를 위하여 죽나니 그러므로 사나 죽으나 우리가 주의 것이로다 9. 이를 위하여 그리스도께서 죽었다가 다시 살아나셨으니 곧 죽은 자와 산 자의 주가 되려 하심이라"

다메섹 도상에서 예수님을 만난 바울이 고백한 말씀입니다. 이 말씀의 의미는 세 가지입니다. 첫째, 우리 중에 누구든지 자기를 위하여 사는 자도, 자기를 위하여 죽은 자도 없어야 합니다. 소극적으로 절대로 자기 중심으로 살지 말아야 합니다. 둘째, 적극적으로 우리가 살아도 주를 위하여 살고 죽어도 주를 위하여 죽어야 합니다. 오직 예수 중심으로 살아야 합니다. 셋째, 오직 예수 중심으로 살아야 할 이유가 사나 죽으나 우리가 주의 것이기 때문입니다. 우리 자신의 소유가 아니라 우리의 주인이 오직 예수 그리스도이시기 때문입니다.

빌립보서 1:20-21, "20. 나의 간절한 기대와 소망을 따라 아무 일에든지 부끄러워하지 아니하고 지금도 전과 같이 온전히 담대하여 살든지 죽든지 내 몸에서 그리스도가 존귀하게 되게 하려 하나니 21. 이는 내게 사는 것이 그리스도니 죽는 것도 유익함이라"

갈라디아서 2:20, "내가 그리스도와 함께 십자가에 못 박혔나니 그런즉 이제는 내가 사는 것이 아니요 오직 내 안에 그리스도께서 사시는 것이라 이제 내가 육체 가운데 사는 것은 나를 사랑하사 나를 위하여 자기 자신을 버리신 하나님의 아들을 믿는 믿음 안에서 사는 것이라"

바울은 첫째, 살든지 죽든지 내 몸에서 그리스도가 존귀하게 되어야 한다고 했습니다. 예수 그리스도가 나의 생명이 되고, 보배가 되시기 때문입니다. 둘째, 내게 사는 것이 그리스도라고 합니다. 또 오직 내 안에 그리스도께서 사신다고 했습니다. 이제 내가 사는 것은 자기 안에 예수 그리스도가 있어 그 예수 그리스도께서 살고 있다고 합니다. 셋째, 하나님을 믿는 믿음 안에서 사는 것이라고 했습니다. 한마디로 자신 안에 생명되신 예수가 있고, 그 예수 때문에 살고, 오직 예수 중심으로 사는 것을 말씀하고 있습니다.

2. 오직 예수 중심으로 살아야 하는 이유가 무엇입니까?

그럼 왜 우리의 앞서간 제자들이나, 바울, 우리는 무엇 때문에 이렇게 오직 예수님 중심으로 살아야 합니까? 도대체 예수님이 누구이시기 때문에 그렇게 살아야 합니까? 저는 크게 세 가지로 생각해 보고자 합니다.

첫째, 오직 예수님만이 구원자이십니다. 하늘의 영광스러운 보좌를 버리시고 낮고 천한 몸으로 이 세상에 오셨습니다. 성육신하셨습니다. 예수님은 그리스도입니다. 왕이요, 선지자, 제사장입니다. 사람이십니다. 하나님 자신입니다. 하나님의 아들입니다. 바로 예수님은 우리를 모든 죄에서 구원하시기 위해서 이 땅에 오셨습니다.

마태복음 1:21, "아들을 낳으리니 이름을 예수라 하라 이는 그가 자기 백성을 그들의 죄에서 구원할 자이심이라 하나라"고 했습니다. 예수님은 우리를 죄에서 구원할 자입니다. 요한복음 3:16-17에서 "16. 하나님이 세상을 이처럼 사랑하사 독생자를 주셨으니 이는 그를 믿는 자마다 멸망하지 않고 영생을 얻게 하려 하심이라 17. 하나님이 그 아들을 세상에 보내신 것은 세상을 심판하려 하심이 아니요 그로 말미암아 세상이 구원을 받게 하려 하심이라"

요한일서 4:9, "하나님의 사랑이 우리에게 이렇게 나타난 바 되었으니 하나님이 자기의 독생자를 세상에 보내심은 그로 말미암아 우리를 살리려 하심이라"

죄와 허물로 죽은 우리를 살리기 위해서 이 땅에 예수님을 보내셨습니다. 따라서 오직 예수만이 우리의 유일한 구원자가 되십니다.

사도행전 4:12, "다른 이로서는 구원을 얻을 수 없나니 천하 인간에 구원을 얻을 만한 다른 이름을 우리에게 주신 일이 없음이니라"

디모데전서 2:5, "하나님은 한 분이시오 또 하나님과 사람 사이에 중보자도 한 분이시니 곧 사람이신 그리스도 예수라" 하나님과 깨어진 관계를 바로 하실 유일한 중보자가 오직 예수뿐입니다.

요한복음에서 예수님은 자신이 어떤 분인지 서술형으로 7가지로 말씀하고 있습니다. 나는 생명의 떡이다(요 6:35), 나는 세상의 빛이다(8:12), 나는 양의 문이다(요 10:7), 나는 선한 목자이다(요 10:11), 나는 부활이요 생명이다(요 11:25), 나는 그 길이요 그 진리요 그 생명이다(요 14:6), 나는 포도나무요(요 15:1,5)라고 했습니다. 이와 같이 오직 예수님만 우리의 유일한 구원자이시기 때문에 우리는 오직 예수 중심으로 살아야 합니다.

둘째, 오직 예수님만이 만유의 주입니다. 본래 예수님은 참된 하나님이셨습니다.

요한복음 1:1-3, "1. 태초에 말씀이 계시니라 이 말씀이 하나님과 함께 계셨으니 이 말씀은 곧 하나님이시니라 2. 그가 태초에 하나님과 함께 계셨고 3. 만물이 그로 말미암아 지은 바 되었으니 지은 것이 하나도 그가 없이는 된 것이 없느니라"고 했습니다.

요한복음 10:30, "나와 아버지는 하나이니라 하신대"라고 했습니다. 그러한 하나님이신 예수님이 인간의 몸을 입고 이 땅에 오셨습니다.

요한복음 1:14-15, "14. 말씀이 육신이 되어 우리 가운데 거하시매 우리가 그 영광을 보니 아버지의 독생자의 영광이요 은혜와 진리가 충만하더라 15. 요한이 그에게 대하여 증거하여 외쳐 가로되 내가 전에 말하기를 내 뒤에 오시는 이가 나보다 앞선 것은 나보다 먼저 계심이니라 한 것이 이 사람을 가리킴이라 하니라"고 했습니다. 인간이 되셨습니다.

빌립보서 2:6-8, "6. 그는 근본 하나님의 본체시나 하나님과 동등됨을 취할 것으로 여기지 아니하고 7. 오히려 자기를 비워 종의 형체를 가지사 사람들과 같이 되셨고 8. 사람의 모양으로 나타나사 자기를 낮추시고 죽기까지 복종하셨으니 곧 십자가에 죽으심이라"고 했습니다.

우리 죄를 위해서 십자가에 죽으셨습니다. 그러나 예수님은 죽으실 뿐 아니라, 부활하시고 승천하셨습니다. 지금도 하나님 보좌 우편에 살아계십니다. 그래서 예수님은 만유의 주가 되십니다. 이렇게 예수님은 우리를 위해 고난 받으시고, 죽으시고, 부활하시고, 승천하셔서 지금도 살아계신 주입니다. 부활하신 예수님은 하늘과 땅의 모든 권세를 가졌습니다.

마태복음 28:18 "예수께서 나아와 일러 가라사대 하늘과 땅의 모든 권세를 내게 주셨으니"라고 했습니다. 그러니 예수님을 '주'라고 시인해야 합니다. 빌립보서 2:11에서 "모든 입으로 예수 그리스도를 주라 시인하여 하나님께 영광을 돌리게 하셨느니라"고 했습니다. 여기의 '주'는 구주 즉 Savior 구원하시는 분이 아니라, 주 즉 Lord입니다. 주인입니다. 누가복음 2:11에서 '오늘날 다윗의 동네에서 너희를 위하여 구주가 나셨으니 곧 그리스도 주시라'고 합니다. 예수님을 '구주'라고 하며 또 '주'라고 합니다. 예수님은 우리를 죄와 사망과 무서운 심판과 영원한 형벌에서 건져 주시는 구세주일 뿐 아니라, 예수님은 만유의 주입니다.

사도행전과 바울서신에서 이 '주'라는 단어가 굉장히 많이 기록되어 있습니다. "그런즉 이스라엘 온 집이 정녕 알지니 너희가 십자가에 못 박은 이 예수를 하나님이 주와 그리스도가 되게 하셨느니라"고 합니다(행 2:36, 4:26, 롬 14:8-9, 고후 4:5, 빌 2:11, 골 2:6, 롬 14:8). 값으로 산 우리의 소유, 주님이십니다(벧후 1:11, 3:18, 행 10:36, 요 20:28), 롬 10:9, 고전 12:3, 고후 4:5, 고전 8:6, 롬 14:5-9). 주 곧 구주 예수 그리스도(약 1:1, 2:1, 유 1:17, 21, 25) 등 로마서 1:1, 갈 1:10, 빌 1:1, 골 1:7 등등 만유의 주, 만왕의 왕이십니다. 사도행전 10:36 "만유의 주되신 예수 그리스도로 말미암아 화평의 복음을 전하사 이스라엘 자손들에게 보내신 말씀"이라고 합니다. 고린도전서 15:26 "만물을 그에게 복종하게 하실 때에는 아들 자신도 그 때에 만물을 자기에게 복종하게 하신 이에게 복종하게 되리니 이는 하나님이 만유의 주로서 만유 안에 계시려 하심이라"고 합니다. 에베소서 4:6 "하나님도 한 분이시니 곧 만유의 아버지시라 만유 위에 계시고 만유를 통일하시고 만유 가운데 계시도다"라고 합니다. 골로새서 3:11 "거기에는 헬라인이나 유대인이나 할례파나 무할례파나 야만인이나 스구디아인이나 종이나 자유인이 차별이 있을 수 없나니 오직 그리스도는 만유시오 만유 안에 계시니라"라고 합니다.

지금도 살아계셔서 하나님 보좌 우편에서 만유의 주로서 만유를 통일하고, 만유를 다스리고 계십니다. 따라서 만유의 주가 되시는 오직 예수 중심으로 살아야 합니다.

셋째, 오직 예수님만이 심판주이십니다. 이렇게 예수님은 고난 받으시고, 죽으시고, 부활하시고, 승천하셔서 하나님 우편에서 통치하시는 것으로 끝나는 것이 아닙니다. 다시 이 세상의 종말과 함께 영광스럽게 재림하십니다. 초림 때에는 우리를 구원하시기 위해서 이 세상에 오셨지만, 재림 때에는 우리를 심판하시기 위해서 이 세상에 오십니다. 마가복음 16:19 "주 예수께서 말씀을 마치신 후에 하늘로 올리우사 하나님 우편에 앉으시니라"고 했습니다. 사도행전 1:11 "가로되 갈릴리 사람들아 어찌

하여 서서 하늘을 쳐다 보느냐 너희 가운데 하늘로 올리우신 이 예수는 하늘로 가심을 본 그대로 오시리라"고 했습니다. 데살로니가전서 4:16 "주께서 호령과 천사장의 소리와 하나님의 나팔로 친히 하늘로부터 강림하시리니 그리스도 안에서 죽은 자들이 먼저 일어나고"라고 합니다. 요한계시록 22:20 "이것들을 증언하신 이가 이르시되 내가 진실로 속히 오리라 하시거늘 아멘 주 예수여 오시옵소서"라고 합니다. 우리는 예수님의 오심을 고대하고, 사모하면서 살아가야 합니다.

그럼 예수님이 다시 오시는데, 어떻게 오십니까? 심판주로 오십니다. 마태복음 25:31 이하에서 "인자가 자기 영광으로 모든 천사와 함께 올 때에 자기 영광의 보좌에 앉으리니 모든 민족을 그 앞에 모으고 각각 구분하기를 목자가 양과 염소를 구분하는 것 같이 하여 양은 그 오른편에 염소는 왼편에 두리라 하시면서... 악인은 영벌에, 의인들은 영생에 들어가리라"고 합니다. 디모데후서 4:1 "하나님 앞과 살아 있는 자와 죽은 자를 심판하실 그리스도 예수 앞에서 그가 나타나실 것과 그의 나라를 두고 엄히 명하노니"라고 합니다. 요한계시록 19:11 "또 내가 하늘이 열린 것을 보니 보라 백마와 그것을 탄 자가 있으니 그 이름은 충신과 진실이라 그가 공의로 심판하여 싸우더라"고 합니다. 이렇게 예수님은 다시 오셔서 공의로 세상을 심판하십니다.

그러니 우리도 언제가는 다시 오실 예수님의 심판대 앞에 서야 합니다. 예수님은 철저히 심판하셔서 악인은 영벌에, 의인은 영생에 들어가도록 하시면서 하나님의 나라를 완성하십니다. 그러니 우리는 오직 예수 중심으로 살아야 합니다. 이렇게 예수님이 우리의 구원자이시고, 만유의 주가 되시고, 심판주가 되시기 때문에 우리는 오직 예수 중심으로 살아야 합니다. 뿐만 아니라, 예수님은 중보자, 선한 목자, 메시아 즉 그리스도로, 왕이요, 선지자요, 제사장이십니다. 그러니 우리는 오직 예수 중심으로 신앙생활해야 합니다.

사실 다른 종교에서는 믿음의 대상을 빼도 종교적 행위를 하는데 아무런 지장이 없습니다. 그러나 기독교는 예수님을 빼면 아무것도 남지 않습니다. 예수님이 없으면 교회도, 구원도 없습니다. 예수님이 없으면 우리의 희망도, 인류의 소망도 없습니다. 오직 죄와 사망과 심판과 저주만이 있을 뿐입니다. 우리 신앙의 핵심, 신앙의 기초와 뿌리는 예수님입니다. 그래서 성경의 핵심 주제가 예수님이십니다. 이 예수님이 감추어진 비밀입니다. 감추어진 그 비밀이 드러났습니다. 바로 예수님이 그리스도라는 사실입니다. 따라서 기독교의 핵심은 예수 그리스도이십니다. 예수 그리스도가 반석입니다. 그런데 까딱 잘못하면 신앙생활을 하면서, 교회에 다니면서, 예수님을 믿는다고 하면서, 가장 중요한 예수님을 놓칠 수 있습니다. 예수님을 제외해 놓고 하는 것입니다.

　오늘 시간에 다시금 질문을 던져 봅니다. 여러분은 어떻게 살고 있습니까? 오직 예수 중심으로 살고 있습니까? 아니 여러분과 예수님의 관계는 어떻습니까? 정말 예수님이 여러분의 주인이십니까? 주일날만 주인이 아니라, 일 년 365일 주인이십니까? 교회에 있을 때만 주인이 아니라 어느 곳에 있든지 주인이십니까? 예배드리고 찬양하고 기도할 때만 주인이 아니라, 무슨 일을 하든지 주인이십니까? 진지하게 자신의 하루생활을 돌아보며 대답해 보십시오. 여러분은 매일매일, 어떤 장소에서든, 어떤 상황에서든, 어느 누구와 함께 있어도 항상 예수님을 바라보고 예수님을 사랑하고 예수님의 뜻대로 살아가고 있습니까? 공부하는 목적, 일하는 목적, 결혼하는 목적, 장사하는 목적, 저축하는 목적, 자녀들을 기르는 목적, 운동하는 목적, 여행하는 목적, 밥을 먹고, 잠을 자는 반복되는 일상생활의 목적이 예수님과 상관이 있습니까?

　만약 일상생활의 모든 것을 예수님과 관련지어서, 예수님 중심으로 생각해본 적이 없다면, 우리는 예수님을 나의 주님이라고 부르는 형식적인 관계는 갖고 있을지 몰라도 예수님이 주인 되시는 생활과는 거리가 먼 인생을 살고 있는 것입니다. 말 그대로 예수님은 우리의 주님이십니다. 예수님이 주님이시라면, 우리는 예수님의 종입니다. 그래서 성경의 수많은 믿음의 사람들은 자신들을 하나님의 종, 예수님의 종으로 불렀습니다. 그리고 예수님의 종으로서 살았습니다.

예수님을 주님이라고 부르면서도 여전히 내 마음대로 내 계획대로 내 욕심대로 살아가고 있다면, 말이 되질 않습니다. 우리가 정말 예수님을 주님으로 인정한다면, "내가 살아도 주를 위하여 살고 죽어도 주를 위하여 죽는 것이"이상하지 않습니다(롬 14:8). 이렇게 사는 것을 당연하게 여깁니다. 오히려 이렇게 살지 못하는 자신을 보며 가슴을 치고 회개하게 됩니다. 내가 왜 이렇게 살아야 하느냐고 꼭 이렇게 살아야 할 이유가 무엇이냐고 반문하지 않습니다. 지금 우리는 예수님을 믿으면서도 예수님을 주님으로 부르면서도, '살아도 주를 위하여 살고 죽어도 주를 위하여 죽는' 사람을 광신주의자로 치부하는 이상한 시대를 살고 있습니다. 예수님을 믿지 않는 세상 사람이라면 그렇게 말할 수 있습니다. 그러나 문제는 예수님을 믿는다고 하는 사람들조차 이런 말을 하고 있습니다.

이제 갓 신앙생활을 열심히 하는 한 성도가 있었습니다. 예수님을 믿지 않고 허송세월 보낸 것이 얼마나 후회스러운지 정말 열심히 신앙생활을 했습니다. 그런데 거의 모태 신앙으로 오랫동안 신앙생활을 한 어느 친구 집사님을 만났습니다. 그가 "친구야, 예수 믿는 것 좋은데, 너무 깊이 빠지지는 말아라. 교회에 너무 열심히 신앙생활하다가 결국 너만 손해야, 결국 너만 상처받게 돼, 적당히 예수 믿어."라고 가르쳤다고 합니다. 예수님을 믿지 않는 사람들이라면 얼마든지 그렇게 말할 수 있습니다. 그런데 예수님을 주님이라고 부르는 오랫동안 신앙생활 했던 사람이 충고라고 하면서 이런 말을 하고 있습니다.

일에 깊이 빠지면 훌륭한 직장인이고, 공부에 깊이 빠지면 좋은 학생이고, 운동에 깊이 빠지면 뛰어난 운동선수인데, 왜 예수님께 깊이 빠지면 이상하게 생각할까요? 그것은 오직 예수님만이 나의 주님이 아니기 때문입니다. 그러나 오직 예수님만이 나의 주님이라는 사실을 믿으면, 세상도 예수님이고, 성공도 예수님이고, 돈도 예수님입니다. 오직 예수에게 미친 신앙생활을 합니다. 혹시 여러분 중에도 이런 생각을 가지고 신앙생활을 해왔던 사람이 있다면, 오늘 말씀을 통해 예수님을 향한 우리의 믿음이 성경과 전혀 다르다는 사실을 인정해야 합니다. 예수님과 우리의 관계가 얼마나 형식적인 관계였는지, 예수님을 향한 우리의 태도가 얼마나 이기적이고 자기중심적이었는지를 깨닫고 회개해야 합니다.

지금 우리에게 그 무엇보다도 가장 중요하고 가장 시급한 것은 오직 예수의 신앙을 회복하는 것입니다. "내가 살아도 주를 위하여 살고 죽어도 주를 위하여 죽는 것"입니다. 오직 예수님만을 주님으로 섬기는 참 신앙인이 되는 것입니다. 이것을 우리의 소망으로 삼고, 이것을 우리의 목적으로 삼는 것입니다. 이렇게 살지 못하는 것 때문에 안타까워하고, 이렇게 살지 못하는 것 때문에 가슴을 쳐야 합니다. 우리 모두 남은 생애 오직 예수로 살아가는 성도들이 되어야 합니다.

3. 오직 예수 중심으로 사는 삶의 결과가 무엇입니까?

첫째, 오직 예수로 살면, 참 평안을 누립니다. "평안을 너희에게 끼치노니 곧 나의 평안을 너희에게 주노라 내가 너희에게 주는 것은 세상이 주는 것과 같지 아니하니라 너희는 마음에 근심하지도 말고 두려워하지도 말라."(요14:27) 위대한 선교사 스탠리 존슨은 진짜 기독교인이 되면 그 인생에 세 가지 현상이 나타난다고 말했습니다. 그 첫 번째가 불안에서 해방되는 것이고, 두 번째가 이상할 정도로 마음에 기쁨이 있는 것이고, 세 번째가 환난이 많아지는 것입니다. 그럼에도 불구하고 오직 예수로 살면 모든 걱정과 두려움에서 벗어나 참 평안을 누립니다.

둘째, 오직 예수로 살면, 참 지혜를 얻습니다. 예수님이 바로 지혜이십니다. 고린도전서 1:24에 "그리스도는 하나님의 능력이요 하나님의 지혜니라"고 말씀하고 있고, 골로새서 2:3에도 "그 안에는 지혜와 지식의 모든 보화가 감추어져 있느니라"고 말씀하고 있습니다. 오직 예수로만 살면 마지막 순간에 돌이킬 수 없는 후회의 인생을 살지 않습니다. 짧은 인생이지만 정말 보람 있고 의미 있고 값진 인생을 살았다고 감사할 수 있습니다. 평안과 기대 속에 마지막 순간을 맞이할 수 있습니다. 예수님이 주시는 지혜로 살았기 때문입니다.

셋째, 오직 예수로 살면, 반드시 승리합니다. 우리가 예수님을 믿으면서도 승리하지 못하는 이유는 오직 예수가 아니기 때문입니다. 예수님도 의지하고 사람도 의지하고, 예수님도 바라보고 세상도 바라보고, 예수님도 사랑하고 세상도 사랑하기 때문입니다. 그러나 기적 같은 승리를 체험했던 인생들은 하나 같이 오직 주님, 오직 예수의 사람이었습니다. 우리가 어떤 고난과 어떤 어려움 속에 있다할지라도, 오직 예수님만 바라보고 오직 예수님만 붙잡고 오직 예수님만 의지하면, 오직 예수의 사람이 되면 반드시 승리합니다.

오직 예수 외에 무엇이 더 필요합니까? 오직 예수만을 사모하고, 오직 예수만을 체험하고, 오직 예수와만 동행하고, 오직 예수 닮아가고, 오직 예수만을 위해 살아가는 오직 예수 중심으로 살아가는 성도들이 되시길 바랍니다.

02

오직 교회 중심

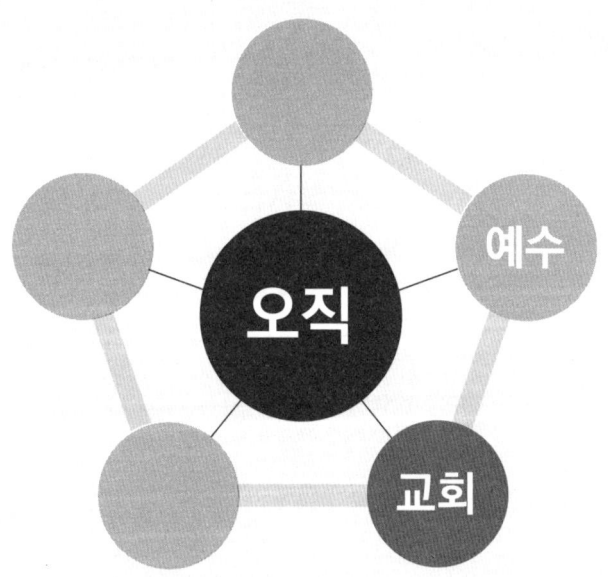

02 | 오직 교회 중심

성경 : 마태복음 16 : 18-19

교회는 너무나 중요합니다. 한 사람이 예수 그리스도를 믿으면 그 시간부터 세상을 떠날 때까지 교회와 관계를 끊을 수 없습니다. 하나님의 자녀에게 교회란 신앙의 어머니이며, 요람입니다. 마치 엄마 품을 떠난 갓난 아기가 살아 남을 수 없는 것과 같이 성도는 교회를 떠나서 건전한 신앙을 유지할 수 없습니다. 비록 지상의 교회가 완전하지 못하고 종종 통탄할 만큼 타락하는 일이 있지만, 그것이 교회의 존재 의미를 무너뜨릴 수 없습니다. 우리가 교회를 긍정하든 부정하든 상관없이 교회는 항상 존재할 것입니다. 우리 주님이 다시금 이 땅에 오실 때까지 교회는 영원히 존재할 것입니다.

하나님께서 지상에 교회를 세우신 이유는 하나님의 백성들을 위한 외적 은혜의 방편을 마련하는데 있습니다. 즉 하나님의 자녀는 교회의 품 속으로 들어와 도움을 받으면서 자라기 때문입니다. 이러한 측면에서 하나님은 아버지이고, 교회는 모친 즉 어머니라고 부를 수 있습니다. 모친인 교회는 하나님의 백성들을 양육하고 지상에서 풍족하고 즐거운 삶을 누리도록 가르칩니다. 하나님은 하나님의 백성들이 교회 교육을 통해서만 성장하기를 원하고 있습니다. 따라서 중생된 자는 반드시 교회를 통해 영적으로 자라나야 합니다.

그럼 왜 교회가 중요한지 또 다른 측면으로 생각해 봅시다. 아니 다르게 말하면 왜 우리가 오직 교회 중심으로 신앙생활 해야 합니까?

첫째, 예수님이 교회를 세우셨기 때문입니다. 지상에 수많은 교회들이 세워져 있지만, 이 교회를 예수님이 세우셨기 때문입니다. 그래서 오직 예수 중심으로 살고자 하는 자는 예수님이 세우신 오직 교회 중심으로 살아야 합니다. 오직 예수만이 구원자라는 사실을 믿고, 오직 예수만이 만유의 주라는 사실을 믿고, 오직 예수만이 심판주라는 사실을 믿는 사람이라면 그 사람은 오직 교회 중심으로 살아갑니다. 교회는 예수님 자신이 세우셨기 때문입니다. 물론 사람을 통해서 지상의 교회를 세워 가십니다. 그러나 신학적으로 엄밀히 따지면 우리 인간들의 교회를 세우는 것이 아니라, 예수님의 교회를 세우십니다.

마태복음 16:18-19에서 "또 내가 네게 이르노니 너는 베드로라 내가 이 반석 위에 내 교회를 세우리니 음부의 권세가 이기지 못하리라 내가 천국 열쇠를 네게 주리니 네가 땅에서 무엇이든지 매면 하늘에서도 매일 것이요 네가 땅에서 무엇이든지 풀면 하늘에서도 풀리라 하시고"라고 합니다. 내가 이 반석 위에 '내 교회'를 세우시겠다고 했습니다. 여기 '내 교회'는 우리 자신의 교회를 세우는 것이 아니라, 예수님 자신의 교회를 의미합니다. 교회는 예수님 자신이요, 예수님 자신이 세우는 교회이기 때문입니다. 뿐만 아니라, 음부의 권세가 이기지 못합니다. 더 나아가서 천국 열쇠 즉 복음을 가지고 있기 때문입니다.

둘째, 교회에는 예수님이 계시기 때문입니다. 요한계시록 2-3장에 일곱 교회가 기록되어 있습니다. 일곱 교회의 공통적인 특징은 일곱 교회 모두 예수님이 존재하시면서 말씀하고 있다는 사실입니다.

2:1에서 에베소 교회에 대해서는 오른손에 있는 일곱 별을 붙잡고 일곱 금 촛대 사이를 거니시는 이가 이르시되라고 합니다. 2:8에서 서머나 교회에는 처음이며 마지막이요 죽었다가 살아나신 이가 이르시되라고 합니다. 2:12에서 버가모 교회에는 좌우에 날선 검을 가지신 이가 이르시되라고 합니다. 2:18에서 두아디라 교회에는 그 눈이 불꽃 같고 그 발이 빛난 주석과 같은 하나님의 아들이 이르시되라고 합니다. 3:1에서 사데 교회에는 하나님의 일곱 영과 일곱 별을 가지신 이가 이르시되라고 합니다. 3:7에서 빌라델비아 교회에는 거룩하고 진실하사 다윗의 열

쇠를 가지신 이 곧 열면 닫을 사람이 없고 닫으면 열 사람이 없는 그가 이르시되라고 합니다. 3:14에서 라오디게아 교회는 아멘이시오 충성되고 참된 증인이시오 하나님의 창조의 근본이신 이가 이르시되라고 합니다. 이렇게 일곱 교회는 각기 다른 모습으로 나타나지만 예수님이 살아계시기 때문입니다.

셋째, 교회에는 말씀이 있기 때문입니다. 요한계시록 1:11에서 "이르되 네가 보는 것을 두루마리에 써서 에베소, 서머나, 버가모, 두아디라, 사데, 빌라델비아, 라오디게아 등 일곱 교회에 보내라 하시기로"라고 합니다. 사도 요한은 주의 날에 성령에 감동되어 자신 뒤에 나는 나팔 소리 같은 큰 음성을 듣고, 네가 보는 것을 두루마리에 써서 일곱 교회에 보내라고 합니다. 여기 두루마리는 하나님의 말씀입니다. 1:1에서 "…하나님이 그에게 주사 반드시 속히 일어날 일들을 그 종들에게 보이시려고 그의 천사를 그 종 요한에게 보내어 알게 하신 것"을 일곱 교회에 주신 것입니다. 따라서 일곱 교회에 하나님의 말씀을 보내라는 것입니다.

이러한 사실은 하나님께서 사도 바울을 통해서 교회에게 편지를 통해서 말씀하고 있습니다. 로마서는 로마 교회에, 고린도전후서는 고린도 교회에, 갈라디아서는 갈라디아 교회에, 에베소서는 에베소 교회에, 빌립보서는 빌립보 교회에, 골로새서는 골로새 교회에, 데살로니가전후서는 데살로니가 교회에 보내는 하나님의 말씀입니다. 그러니 교회에는 하나님의 말씀이 있기 때문에 교회는 대단히 중요하며, 우리는 오직 교회 중심의 신앙생활을 해야 합니다. 오직 교회가 나의 신앙의 중심이 되어야 합니다.

1. 오직 교회 중심으로 살아야 할 근거가 무엇입니까?

그럼 왜 오직 교회 중심으로 살아야 하는지, 그 근거가 무엇입니까? 먼저 교회는 하나님의 교회이기 때문입니다. 고린도전서 1:2에서 "고린도에 있는 하나님의 교회 곧 그리스도 예수 안에서 거룩하여지고 성도라 부르심을 받은 자들과 또 각처에서 우리의 주 곧 그들과 우리의 주 되신 예수 그리스도의 이름을 부르는 모든 자들에게"라고 합니다. 고린도에 있는 하나님의 교회라고 합니다(고전 10:32, 11:22, 15:9, 고후 1:1 갈 1:13, 살전 2:14, 딤전 3:5, 3:15). 신약성경에서 하나님의 교회라는 말씀이 대충 아홉 번 나오고 있습니다. 하나님께서 구원받을 자들을 불러 모아주셨고 하나님께서 세우신 교회입니다. 하나님의 영광을 위해서 존재하는 교회입니다.

또한 교회는 보이는 예수님이기 때문입니다. 사도행전 8:3에서 사울이 '교회를' 잔멸할 새라고 합니다. 사도행전 9:2에서 사울이 '그 도를 따르는 사람'이라고 합니다. 바로 ' 예수 그리스도를 믿는 자'들이라고 합니다, '교회'입니다. 사울은 실제로 '교회의 성도들'을 핍박하려고 했습니다. 그런데 사도행전 9:4 '사울아 사울아 네가 어찌하여 나를 박해하느냐' 주여 누구이시니이까? '나는 네가 박해하는 예수라'고 합니다. 사울은 예수를 박해한 적이 없습니다. 왜냐하면 이미 예수님은 십자가에 못 박혀 죽으시고, 부활 승천하셨기 때문입니다. 사울이 실제로 박해한 것은 교회입니다. 그런데 그 교회를 '나를'이라고 하면서 교회가 예수님 자신임을 말씀하고 있습니다. 따라서 지상에 세워진 교회는 보이는 예수님 자신이기 때문입니다.

그리고 교회는 천국 열쇠를 가지고 있기 때문입니다. 마태복음 16:19, "내가 천국 열쇠를 네게 주리니 네가 땅에서 무엇이든지 매면 하늘에서도 매일 것이요 네가 땅에서 무엇이든지 풀면 하늘에서도 풀리리라 하시고"라고 합니다. '내가 네게 천국 열쇠를 주리니'라고 합니다. 천국 열쇠(=복음)를 베드로를 통해 교회에다 맡기셨습니다(계 1:18, 3:7). 따라서 교회에 주어진 엄청난 특권들입니다. 천국 문을 열고 들어가느냐 못 들어가느냐 하는 문제입니다.

이와 비슷한 말씀을 마태복음 18:18, "진실로 너희에게 이르노니 무엇이든지 너희가 땅에서 매면 하늘에서도 매일 것이요 무엇이든지 땅에서 풀면 하늘에서도 풀리리라"고 합니다. 교회 공동체의 형제 범죄에 대해서 이 말씀을 하고 있습니다. 하늘의 문제가 아니라, 땅의 문제입니다. 땅에서 교회와의 관계가 바로 하늘에서 교회와의 관계를 결정합니다. 그래서 오직 교회 중심으로 살아야 합니다.

2. 오직 교회 중심으로 살아야 할 본질이 무엇입니까?

오직 교회 중심으로 살아야 할 교회의 본질은 크게 세 가지로 생각해 볼 수 있습니다.

첫째, 하나님의 백성으로서 교회입니다(출 6:7, 15:13, 16, 19:5, 레 26:12, 갈 6:16, 벧전 2:9). 바울은 신자들을 자신의 백성으로 삼으시려는 하나님의 결정에 관하여 고린도후서 6:16 "하나님의 성전과 우상이 어찌 일치가 되리요 우리는 살아 계신 하나님의 성전이라 이와 같이 하나님께서 이르시되 내가 그들 가운데 거하며 두루 행하여 나는 그들의 하나님이 되고 그들은 나의 백성이 되리라"고 합니다. 교회는 하나님의 백성들로 구성됩니다. 그들은 하나님의 소유이며, 그는 그들의 하나님이십니다. 하나님의 백성이 교회라는 개념은 그들을 선택하시는 하나님의 주도적인 행위를 강조하고 있습니다. 하나님이 자기 피로 사신 교회라고 합니다. 사도행전 20:28, "여러분은 자기를 위하여 또는 온 양 떼를 위하여 삼가라 성령이 그들 가운데 여러분을 감독자로 삼고 하나님이 자기 피로 사신 교회를 보살피게 하셨느니라". 하나님이 유대인 중에서 뿐아니라 이방인 중에서도 부르신 모든 사람들로 구성됩니다. 로마서 9:24, "이 그릇은 우리니 곧 유대인 중에서뿐 아니라 이방인 중에서도 부르신 자니라".

둘째, 그리스도의 몸으로서의 교회입니다(고전 12:27, 엡 1:23, 4:12, 골 1:18). 그리스도께서 지상 사역을 하는 동안에는 인간의 육체 안에서 활동하신 것과 똑같이 교회는 현재 그리스도께서 활동하시는 장소입니다. 에베소서 1:22-23, "22. 또 만물을 그의 발 아래에 복종하게 하시고 그를 만물 위에 교회의 머리로 삼으셨느니라 23. 교회는 그의 몸이니 만물 안에서 만물을 충만하게 하시는 이의 충만함이니라". 한편 고린도전서 12:27 "너희는 그리스도의 몸이요 지체의 각 부분이라". 또한 그리스도의 몸으로서의 교회는 신자들의 모임인 교회와 그리스도와 연합을 강조합니다.

구원의 전과정은 대부분 그리스도와 연합의 결과입니다. 성도는 '그리스도와 함께' 혹은 '그리스도 안에' 거합니다. 골로새서 1:27, "하나님이 그들로 하여금 이 비밀의 영광이 이방인 가운데 얼마나 풍성한지를 알게 하려 하심이라 이 비밀은 너희 안에 계신 그리스도시니 곧 영광의 소망이니라". 갈라디아서 2:20, "내가 그리스도와 함께 십자가에 못 박혔나니 그런즉 이제는 내가 사는 것이 아니요 오직 내 안에 그리스도께서 사시는 것이라 이제 내가 육체 가운데 사는 것은 나를 사랑하사 나를 위하여 자기 자신을 버리신 하나님의 아들을 믿는 믿음 안에서 사는 것이라".

이렇게 그리스도는 몸인 교회의 머리이시며(골 1:18) 신자들은 그 몸의 지체들입니다. 만물이 그리스도 안에서 그로 말미암아 그를 위하여 창조되었습니다(골 1:16). 그는 모든 창조물보다 먼저 나신 분이십니다(골 1:15). 하늘과 땅에 있는 만물이 모두 유일한 머리이신 그리스도 아래로 모일 것입니다. 에베소서 1:10, "하늘에 있는 것이나 땅에 있는 것이 다 그리스도 안에서 통일되게 하려 하심이라". 그와 연합된 신자들은 머리이신 그와 연결되어 있기 때문에 그를 통하여 영양분을 공급받고 자라가게 됩니다(골 2:19). 예수님은 자신을 포도나무로 비유하여 자신이 그 가지인 신자들과 결합되었다고 말씀합니다(요 15:1-11). 몸인 교회의 머리로서 그리스도는 또한 교회를 다스립니다(골 2:9-10). 그리스도는 교회의 주이십니다.

그리스도의 몸으로 교회는 교회를 구성하는 모든 신자들 상호 간의 연결 관계를 말씀하고 있습니다(고전 12:12, 13, 14:4-5, 12). 각 지체는 다른 지체들을 필요로 하며, 또한 각 지체는 다른 지체들의 필요가 됩니다. 에베소서 4:11-16, "11. 그가 어떤 사람은 사도로, 어떤 사람은 선지자로, 어떤 사람은 복음 전하는 자로, 어떤 사람은 목사와 교사로 삼으셨으니 12. 이는 성도를 온전하게 하여 봉사의 일을 하게 하며 그리스도의 몸을 세우려 하심이라 13. 우리가 다 하나님의 아들을 믿는 것과 아는 일에 하나가 되어 온전한 사람을 이루어 그리스도의 장성한 분량이 충만한 데까지 이르리니 14. 이는 우리가 이제부터 어린아이가 되지 아니하여 사람의 속임수와 간사한 유혹에 빠져 온갖 교훈의 풍조에 밀려 요동하지 않게 하려 함이라 15. 오직 사랑 안에서 참된 것을 하여 범사에 그에게까지 자랄지라 그는 머리니 곧 그리스도라 16. 그에게서 온 몸이 각 마디를 통하여 도움을 받음으로 연결되고 결합되어 각 지체의 분량대로 역사하여 그 몸을 자라게 하며 사랑 안에서 스스로 세우느니라".

셋째, 성령의 전으로서의 교회입니다(고전 3:16-17, 엡 2:22, 고전 12:12-13). 교회를 처음 존재케 하신 분은 바로 성령님이십니다. 성령께서 행하신 극적인 이 사건은 오순절에 일어났는데, 그때 그는 제자들에게 세례를 주시고, 삼천 명을 회개시키셔서 교회를 세우셨습니다. 그 이후 성령님은 계속해서 교회 안에 거주하고 계십니다. 고린도전서 12:13, "우리가 유대인이나 헬라인이나 종이나 자유인이나 다 한 성령으로 세례를 받아 한 몸이 되었고 또 다 한 성령을 마시게 하셨느니라".

지금 성령께서는 교회에 내주하고 계신데, 신자 한 사람 한 사람 안에 개별적으로 내주하실 뿐 아니라, 신자들의 모임 안에 공동으로 내주해 계십니다. 고린도전서 3:16-17, "16. 너희는 너희가 하나님의 성전인 것과 하나님의 성령이 너희 안에 계시는 것을 알지 못하느냐 17. 누구든지 하나님의 성전을 더럽히면 하나님이 그 사람을 멸하시리라 하나님의 성전은 거룩하니 너희도 그러하니라". 계속해서 바울은 그들을 향하여 고린도전서 6:19, "너희 몸은 너희가 하나님께로부터 받은 바 너희 가운데 계신 성령의 전인 줄을 알지 못하느냐 너희는 너희 자신의 것이 아니라". 그 밖에 신자들이 '주 안에서 성전'(엡 2:21)이며 또한 '성령 안에서 하나님의 거하실 처소'(엡 2:22) 뿐만 아니라 그리스도의 이미지를 성전의 모퉁이 돌로 묘사하고 있는 문맥에서 베드로도 신자들을 신령한 집이라고 합니다(벧전 2:5). 이렇게 성령께서는 교회 안에 거하시면서 교회에 자신의 생명을 나누어 주십니다.

성령의 본성과 동일한 성령의 열매를 맺게 합니다(갈 5:22-23). 교회에 이러한 특질들이 존재한다는 것은 곧 성령께서 교회 안에 활동하고 계심을 보여주는 증거입니다. 또한 성령께서는 교회에 능력을 전달해 줍니다(행 1:8, 요 14:12, 16:7-8). 성령께서는 예수님의 제자들 안에 거하셔서 그들에게 모든 가르침들을 생각나게 하시고(요 14:26), 그들을 모든 진리 가운데로 인도하십니다(요 16:13). 특별히 성령님은 예수를 주라고 합니다. 고린도전서

12:3 "그러므로 내가 너희에게 알리노니 하나님의 영으로 말하는 자는 누구든지 예수를 저주할 자라 하지 아니하고 또 성령으로 아니하고는 누구든지 예수를 주시라 할 수 없느니라".

3. 오직 교회 중심으로 산다는 것이 무엇입니까?

오직 교회 중심으로 신앙생활한다는 것은 도대체 어떻게 하는 것입니까? 먼저 바울이 골로새 교회를 향해 말씀하는 것을 살펴봅시다. 골로새서 1:24-29, "24. 나는 이제 너희를 위하여 받는 괴로움을 기뻐하고 그리스도의 남은 고난을 그의 몸된 교회를 위하여 내 육체에 채우노라 25. 내가 교회의 일꾼 된 것은 하나님이 너희를 위하여 내게 주신 직분을 따라 하나님의 말씀을 이루려 함이니라 26. 이 비밀은 만세와 만대로부터 감추어졌던 것인데 이제는 그의 성도들에게 나타났고 27. 하나님이 그들로 하여금 이 비밀의 영광이 이방인 가운데 얼마나 풍성한지를 알게 하려 하심이라 이 비밀은 너희 안에 계신 그리스도시니 곧 영광의 소망이니라 28. 우리가 그를 전파하여 각 사람을 권하고 모든 지혜로 각 사람을 가르침은 각 사람을 그리스도 안에서 완전한 자로 세우려 함이니 29. 이를 위하여 나도 내 속에서 능력으로 역사하시는 이의 역사를 따라 힘을 다하여 수고하노라"고 합니다.

오직 교회 중심으로 사는 것은 첫째, 오직 교회를 위한 고난을 기뻐하는 것입니다. 둘째, 오직 교회에 맡겨진 사명을 감당하는 것입니다. 셋째, 오직 교회를 위해 열심히 수고하는 것입니다.

이것을 위해서 바울은 3가지를 말씀하고 있습니다. 첫째, '그를 전파하여'라고 합니다. 바울은 그의 삶 속에서 항상 그리스도를 전파하고 있습니다. 지속적 상태, 습관적인 행위를 말씀하고 있습니다. 둘째, '권하고'입니다. 이러한 전파의 삶이 권면으로 나타나고 있습니다. 실질적으로는 교훈에 대한 실천을 점검하고 충고한다는 것입니다. 권면은 잘못된 행동에 대한 직접적 교정 및 책망의 의미까지 포함하고 있습니다. 셋째, '가르침'입니다. 전파의 구체적인 삶이 권면과 가르침입니다. 성도들의 삶의 방향을 제시해 주는 실제적인 가르침입니다. 추상적인 교리보다는 목회 윤리적인 면에서 실생활에 필요한 규범들을 가르치고 있습니다. 따라서 우리가 이 지상에서 살아가고 있는 한 오직 교회 중심으로 살아가야 합니다. 사도행전 2:46, "날마다 마음을 같이 하여 성전에 모이기를 힘쓰고 집에서 떡을 떼며 기쁨과 순전한 마음으로 음식을 먹고"라고 합니다. 또 히브리서 10:25, "모이기를 폐하는 어떤 사람들의 습관과 같이 하지 말고 오직 권하여 그 날이 가까움을 볼수록 더욱 그리하자"는 것입니다.

그것은 교회에는 두 가지 기능이 있기 때문입니다. 구약적으로 말하면, 하나는 '카알'(קהל)로서의 교회입니다. 또 다른 하나는 '에다'(עדה)로서의 교회입니다. 신약적으로 말하면, 하나는 '에클레시아'(ἐκκλησία)로서의 교회입니다. 또 다른 하나는 '쉬나고게'(συναγωγη)로서의 교회입니다.

교리적으로 말하면 전투하는 교회와 승리하는 교회입니다. 전투하는 교회는 죄와 악에 투쟁하면서 싸우는 교회입니다. 승리하는 교회는 모든 싸움을 마치고 승리한 교회입니다. 이것을 지상의 교회와 천상의 교회로 나눕니다. 가견적 교회와 불가견적 교회라고 합니다. 유형교회와 무형교회입니다. 유기체로서의 교회와 조직체로서의 교회입니다. 이렇게 교회의 다양한 성격이 있습니다. 따라서 교회는 교회(交會)이어야 하고, 교회(敎會)이어야 합니다. 사귈교, 모을회로서 교회입니다. 또 다른 하나는 가르칠교, 모을회로서 교회입니다.

교회에 대한 이미지는 그리스도와 연합하여 그리스도의 지체가 되었다는 점을 말하는 것으로서 이는 교회를 구성하는 모든 신자들의 상호간의 관계를 말해주고 있습니다. 즉 몸으로서의 교회의 특징은 진정한 교제에 있습니다. 이것은 단순히 사회적인 상호관련성이 아니라, 서로에 대한 더 깊은 이해와 긴밀한 교감을 의미합니다. 그리스도의 몸으로서 교회는 통일된 몸이어야 합니다. 고린도 교회가 종교적으로 어떤 지도자를 따르느

냐는 문제로 분쟁했을 때(고전 1:10-17, 3:1-9) 바울은 그리스도인은 한 성령 안에서 한 몸이 되었다는 점을 강조했습니다(고전 12:12-13).

교회와 그리스도와의 관계는 이처럼 유기적인 생명적 관계입니다. 그리스도는 몸의 머리이시고, 우리는 그 지체이기 때문입니다(엡 5:23, 골 1:18, 2:19). 이런 그리스도의 몸으로서의 교회의 성격을 고려해본다면 교회는 교제하는 공동체 즉 교회(交會)가 되어야 합니다. 여기에 대해 요한일서 1:3 "우리가 보고 들은 바를 너희에게도 전함은 너희로 우리와 사귐이 있게 하려 함이니 우리의 사귐은 아버지와 그의 아들 예수 그리스도와 더불어 누림이라"고 합니다. 이렇게 사도 요한과 그 제자들이 즉 우리가 보고 들은 바를 너희에게도 증거하는 이유가 무엇인지를 말씀하고 있습니다.

왜 예수 그리스도를 증거하고 있습니까? 한마디로 너희로 우리와 사귐이 있게 하려 함이니라고 합니다. 사귐 즉 교제 때문입니다. 여기 사귐 즉 교제라는 말은 코이노니아(κοινωνία)인데, 이 말은 공통된 것을 함께 소유한다는 뜻을 가지고 있습니다. 무엇인가 공통된 것을 함께 소유할 때 서로에게 사귐이 있습니다. 예를 들면 낚시라는 공통된 취미를 함께 소유한 사람들끼리 모이면 낚시 동호회가 생기고, 바둑이라는 공통된 취미를 좋아하는 사람들끼리 모이면 바둑 동우회가 생깁니다. 낚시라는 공통된 취미, 바둑이라는 공통된 취미를 함께 소유할 때 그 사람들 사이에 사귐이 생깁니다. 그러나 낚시가 없으면 낚시 동우회가 깨어지고, 바둑이 없으면 바둑 동호회가 깨어집니다.

그렇다면 요한과 그의 제자들은 무엇을 공통으로 소유하고 있습니까? 그들이 공통적으로 소유하고 사귀기를 원하는 것은 아버지와 그 아들 예수 그리스도와 함께 하는 것입니다. 진정한 교제는 아버지와 아들이 있어야 합니다. 아버지와 아들이 없는 성도의 공동체는 불가능합니다. 중요한 것은 아버지만 아니라, 아들도 함께 있어야 합니다. 아마 그 당시에 어떤 사람들은 하나님만 믿는다면 예수 그리스도 없이도 신앙적 교제가 가능하다고 생각했을 수도 있습니다. 그러나 기자 요한은 우리와 너희의 사귐은 아버지와 그 아들 예수 그리스도와 함께 함이라고 합니다.

그런데 오늘 우리는 교회를 교회(教會)라고 합니다. 우리말 성경에서는 '교회'(交會)가 아닌 교회(教會)라고 번역되었습니다. 1887년 간, 로스 역, 예수셩교젼서에서부터 '교회'라는 용어가 사용되었습니다. 이것은 아마도 중국어성경의 번역을 따랐기 때문입니다. 물론 성경에 보면 그리스도의 몸으로서의 교회는 그리스도와의 연합과 지체로서의 다른 성도들 간의 교제를 중시한다는 점에서 교회(交會)가 되어야 합니다. 이 점은 타당성을 지니고 있습니다.

그러나 기원 1세기의 그레꼬 로마 사회, 특히 그 시대의 종교적 현실에서 본다면 교회(敎會)라고 번역하는 것이 적절합니다. 그 당시의 종교는 다양했습니다. 신당이나 신전에서 의식을 행하고 제물을 바쳤던 점에서 공통된 의식을 지니고 있었습니다. 이런 의식이 주된 종교행위였으며, 이들에게 눈에 보이는 상(像)이 있었습니다. 거기에는 이론이나 가르침, 혹은 교훈이나 권면이 없었습니다. 이름 그대로 제의적 종교의식의 반복만 있었을 뿐입니다.

그러나 그리스도교는 처음부터 이와는 달랐습니다. 무엇보다도 눈에 보이는 외형적인 어떤 형식의 상(像)이 없었고, 신전이나 제전이 없었습니다. 이들은 마치 철학파들처럼 함께 모여 가르치고 가르침을 받는 공동체였습니다. 처음부터 기독교는 책, 즉 두루마리의 종교였습니다. 이들에게는 '가죽종이에 쓴 것'(딤후 4:13)이 있었고, 후에는 바울의 서신과 같은 책, 즉 두루마리가 있었습니다. 이들은 가정집에 모였고, 말씀을 듣고 가르치고 권면하고 토론했습니다. 당시 헬라-로마의 종교에는 권면이나, 설복이나 토론, 곧 논쟁이란 존재하지 않았습니다. 그러나 그리스도인의 공동체에서는 진리의 말씀을 듣고 교훈하고 권고했습니다.

그래서 초기 기독교는 철학파와 동일시되기도 했습니다. 설교 즉 가르침은 신앙행위의 가장 중요한 요소였습니다. 그것을 통해 당시의 관습과 의식적 전통을 답습하는 종교들과는 달리 새로운 가치, 새로운 삶의 방식을 추구했습니다. 결국 거기에는 변화와 쇄신이 있는 새로운 공동체를 지향했습니다. 이렇게 볼 때 하나님의 말씀을 강론하는 신앙의 공동체의 회중을 가르침이 있는 모임인 교회(敎會)라고 명명한 것은 지극히 당연한 것입니다.

사도행전 2:42에 보면 "그들이 사도의 가르침을 받아 서로 교제하며 떡을 떼며 기도하기를 전혀 힘쓰니라"고 합니다. 우리말 개역 성경은 오해하기 딱 좋게 번역되고 있습니다. 예루살렘 교회가 기도하는 데만 전혀 힘쓴 것처럼 되어 있기 때문입니다. 그러나 원문은 그렇지 않습니다. '전혀 힘쓴다'는 말이 맨 앞 부분에 나와 있습니다. 따라서 '서로 전혀 힘쓴다'는 말은 기도뿐만 아니라, 나머지 세 가지 항목도 다 함께 지배를 하고 있습니다. 보다 정확한 번역은 사도의 가르침을 받기에 힘을 썼고, 서로 교제하는 일에 힘을 썼고, 떡을 떼는 일에 힘을 썼고, 기도하는 데도 힘을 썼다는 것입니다. 더욱이 여기 '전혀 힘을 썼다'는 말은 1:14에도 동일하게 나오고 있습니다. '마음을 같이하여 전혀 기도에 힘쓰니라'고 합니다. 여기 이 말은 어떠한 일에 대한 충성심을 말씀하고 있습니다. 집착성, 인내성, 계속성, 지속성, 간절성을 의미하고 있습니다. 따라서 예루살렘 교회는 한번만 힘쓰고 그만 두는 것이 아닙니다. 한번만 열심히 하고 끝내는 것이 아니라, 계속해서 전념하면서 힘있게 집착했습니다. 예루살렘 교회는 계속해서 지속적으로 힘을 썼습니다. 온 교회 성도들이 다 함께 서로서로 힘을 썼습니다.

그럼 초대 예루살렘 교회는 무엇을 위해 전혀 힘쓰고 노력했습니까? 예루살렘 교회의 특징적인 모습이 무엇입니까? 오늘 본문에 네 가지로 말씀하고 있습니다. 그 이유는 '카이'가 두 번 나오고 있습니다. 그 사도의 가르침을 받고 교제하며, 그 떡을 떼고 그리고 그 기도로 연결되어 있습니다.

오늘 우리는 예루살렘 교회의 네 가지 특성을 살펴봅시다. 첫째, 가르치고 배우는 교회입니다. 둘째, 성령의 교제가 중심인 교회입니다. 셋째, 은혜의 나눔이 풍성한 교회입니다. 넷째, 기도에 전적으로 헌신한 교회입니다.

그런데 이 네 가지를 가만히 분석해 보면 한마디로 십자가 생활입니다. 가르침 즉 말씀은 하나님과의 관계입니다. 그리고 교제는 인간과의 관계입니다. 바로 수직과 수평의 십자가입니다. 또 떡을 떼는 것은 나눔입니다. 인간과의 은혜와 풍성한 식탁을 나누는 것입니다. 그리고 기도는 하나님과의 대화입니다. 바로 수직과 수평의 또 하나의 십자가입니다.

예루살렘 교회가 좋은 교회인 것은 바로 십자가의 생활을 했기 때문입니다. 오직 교회 중심이란 십자가 중심의 생활이기 때문입니다. 그래서 오직 교회 중심의 신앙생활을 잘 하여 받아 누리는 축복이 있는 삶이 되어야 합니다. 에베소서 5:27, "자기 앞에 영광스러운 교회로 세우사 티나 주름 잡힌 것이나 이런 것들이 없이 거룩하고 흠이 없게 하려 하심이라". 요한 계시록 19:7-9 , "7. 우리가 즐거워하고 크게 기뻐하며 그에게 영광을 돌리세 어린 양의 혼인 기약이 이르렀고 그의 아내가 자신을 준비하였으므로 8. 그에게 빛나고 깨끗한 세마포 옷을 입도록 허락하셨으니 이 세마포 옷은 성도들의 옳은 행실이로다 하더라 9. 천사가 내게 말하기를 기록하라 어린 양의 혼인 잔치에 청함을 받은 자들은 복이 있도다 하고 또 내게 말하되 이것은 하나님의 참되신 말씀이라 하기로".

03
오직 말씀 중심

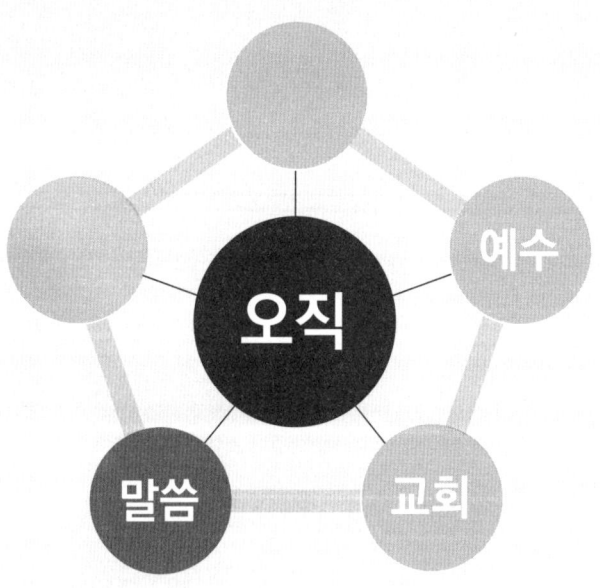

03 | 오직 말씀 중심

성경 : 디모데후서 3:14-17

하나님께서 인간에게 가장 귀한 선물을 주셨는데, 그 중에 하나가 말씀, 즉 성경입니다. 우리 기독교는 말씀을, 성경을 최고의 권위로 인정하고 있습니다. 특별히 우리 개혁교회에서는 하나님의 말씀을 신앙과 행위의 유일한 법칙으로 믿고 있습니다. 장로교에서 임직식을 거행할 때 목사이든지, 장로이든지, 집사이든지, 권사이든지 상관이 없이 제일 먼저 임직자들에게 "구약과 신약 성경은 하나님의 말씀이며, 신앙과 행위에 대하여 정확무오한 유일의 법칙으로 믿습니까?"라고 질문합니다. 그리고 그 다음에 "본 장로회 교리표준인 웨스트민스터 신앙고백, 대교리문답과 소교리 문답은 구약과 신약 성경에서 교훈한 도리를 총괄한 것으로 알고 성실한 마음으로 믿고 따르겠습니까?라고 질문합니다. 기독교에서 가장 중요한 기독교 교육의 기초는 오직 말씀, 오직 성경입니다. 바로 이 말씀 즉 성경이 기독교 신앙의 근본입니다.

그래서 참된 교회인지, 거짓 교회인지 알 수 있는 표시는 세 가지입니다. 첫째는 올바른 말씀 전파입니다. 둘째는 올바른 성례입니다. 셋째는 올바른 치리입니다. 따라서 참된 교회는 말씀 위에 서 있습니다. 말씀 위에 서 있지 않으면 그것은 거짓 교회입니다. 아무리 웅장하고 좋은 건물을 가지고 있다고 자랑할지라도 말입니다. 그러니 오직 교회 중심으로 살고자 하는 자는 오직 말씀 중심으로 살아야 합니다.

그런데 말씀에는 크게 세 가지가 있습니다.

첫째, '그람마'(γράμμα)입니다(딤후 3:15). '그라페'(γραφη)입니다(딤후 3:16). 우리말 개역 개정에서는 성경이라고 번역을 하고 있습니다. 한마디로 말해서 기록된 하나님의 말씀입니다. 씌여진 말씀입니다. 감추어진 비밀을 드러내야 할 말씀입니다. 해석되어야 할 말씀입니다.

둘째, '로고스'(λόγος)입니다(벧후 3:5, 딤후 4:2). 우리말 개역 개정에서는 말씀이라고 번역을 하고 있습니다. 한마디로 말해서 나타난 하나님의 말씀입니다. 감추어져 있던 것인데, 드러난 말씀입니다. 선포되고, 전파되어야 할 말씀입니다. 예수 그리스도, 복음을 의미하게 됩니다.

셋째, '레마'(ρη'μα)입니다(벧후 3:2). 우리말 개역 개정에서는 말씀이라고 번역을 하고 있습니다. 로고스와 레마가 잘 구분이 되지 않습니다. 그러나 한마디로 말해서 심기워진 하나님의 말씀입니다. 특별히 복수를 사용해서 설교나 교훈을 통해서 받아들여진 말씀입니다. 믿어진 말씀입니다. 그 말씀이 내 속에 역사하는 말씀입니다. 그래서 데살로니가전서 2:13에서 "이러므로 우리가 하나님께 끊임없이 감사함은 너희가 우리에게 들은 바 하나님의 말씀을 받을 때에 사람의 말로 받지 아니하고 하나님의 말씀으로 받음이니 진실로 그러하도다 이 말씀이 또한 너희 믿는 자 가운데서 역사하느니라"고 합니다. 말씀은 믿는 자들 가운데서 역사합니다. 그리고 데살로니가 1:6에서는 "또 너희는 많은 환난 가운데서 성령의 기쁨으로 말씀을 받아 우리와 주를 본받은 자가 되었으니"라고 합니다. 말씀은 우리와 주를 본받은 자가 되게 합니다. 이와 같은 놀라운 말씀이기 때문에 오직 말씀을 중심으로 신앙생활해야 합니다.

오직 말씀 중심의 신앙생활은 결국 오직 교회 중심과 밀접하게 연결되어 있습니다. 교회는 예수님이 세우셨고, 교회에는 예수님이 계시고 교회에는 말씀이 있습니다. 특별히 요한계시록 2-3장에 일곱 교회에 계시는 우리 주 예수 그리스도께서 말씀하고 있습니다. 요한계시록 1:11에서 "이르되 네가 보는 것을 두루마리에 써서 에베소, 서머나, 버가모, 두아디라, 사데, 빌라델비아, 라오디게아 등 일곱 교회에 보내라 하시기로"라고 합니다. 사도 요한은 주의 날에 성령에 감동되어 자신 뒤에 나는 나팔 소리 같은 큰 음성을 듣고, 네가 보는 것을 두루마리에 써서 일곱 교회에 보내라고 합니다. 여기 두루마리는 하나님의 말씀입니다. 1:1에서 "...하나님이 그에게 주사 반드시 속히 일어날 일들을 그 종들에게 보이시려고 그의 천사를 그 종 요한에게 보내어 알게 하신 것"을 일곱 교회에 주신 것입니다. 따라서 일곱 교회에 하나님의 말씀을 보내라는 것입니다.

이러한 사실은 하나님께서 사도 바울을 통해서도 교회에게 편지를 통해서 말씀하고 있습니다. 로마서는 로마 교회에, 고린도 전후서는 고린도 교회에, 갈라디아서는 갈라디아 교회에, 에베소서는 에베소 교회에, 빌립보서는 빌립보 교회에, 골로새서는 골로새 교회에, 데살로니가전후서는 데살로니가 교회에 보내는 하나님의 말씀입니다. 뿐만 아니라, 개인에게도 말씀을 하고 있습니다. 하나님께서 사도 바울을 통해 디모데에게, 디도에게, 빌레몬에게 개인적으로도 말씀하고 있습니다.

교회에는 하나님의 말씀이 있기 때문에, 교회가 대단히 중요하기 때문에, 우리는 오직 교회 중심의 신앙생활을 해야 합니다. 바로 교회 중심의 신앙생활을 한다는 것은 곧 오직 말씀 중심으로 신앙생활을 한다는 것과 일맥상통하는 것입니다.

그럼 오직 말씀 중심으로 살아야 할 이유가 무엇입니까? 그 근거가 무엇입니까? 도대체 왜 오직 성경 중심으로 살아야 하는지 그 이유가 무엇입니까?

1. 오직 말씀 즉 성경은 하나님의 감동으로 기록된 말씀입니다. – 하나님의 말씀입니다.

디모데후서 3:16, "모든 성경은 하나님의 감동으로 된 것으로……"(πᾶσα γραφὴ θεόπνευστο" καὶ ὠφέλιμο" πρὸ" διδασκαλίαν)라고 했습니다. 성경 전체가 하나님의 감동, 즉 성령의 영감으로 기록되었습니다. 성경 모두는 전부 하나님의 영감에 의해 기록되었으며, 그 모두가 유익합니다. 예를 들면 구약 성경의 경우 "여호와께서 말씀하시되……":로 되어 있지 않는 단순한 서술이나 진술 구문도 모두 하나님의 영감에 따라 기록된 것이며, 신약 성경도 마찬가지입니다. "예수님께서 이르시되……"로 되어 있지 않는 단순한 서술이나 진술 구문도 모두 하나님의 영감에 따라 기록된 것입니다. 성경 전체 영감성과 성경 무오성을 말씀하고 있습니다. 이것은 성경 스스로가 말하는 성경의 자기주장이며, 성경의 권위입니다.

그런데 자유주의 신학자들은 "하나님의 영감으로 된 각 성경은 또한 유익하다"(Eery scripture inspired of God is also profitable-ASV)로 번역하고 있습니다. 이것은 '데오프뉴스토스'(θεόπνευστος)를 서술적 형용사가 아닌 한정적 형용사로 보았기 때문입니다. 그러나 이러한 해석은 성경의 권위를 형편없이 무너뜨리는 해석입니다. 성경에는 하나님의 영감으로 되지 않는 책, 혹은 글들이 있다는 것입니다. 따라서 성경에는 오류가 있는 것이 당연하다는 것입니다. 성경 전체의 영감성과 성경의 무오성을 부인하는 주장입니다. 이러한 태도는 인간이 하나님의 말씀 위에 올라서서 성경을 유한한 인간 이성의 잣대로 판단하는 태도입니다. 그러나 분명한 것은 '데오프뉴스토스'(θεόπνευστος)라는 형용사가 한정적 용법이 아닌 서술적 용법으로 쓰였다는 사실입니다.

그렇다면 여기 "모든 성경"(πα'σα γραφὴ)은 3:15의 '성경'(τὰ ἱερὰ γράμματα)과 동일한 것을 지칭하는가? 그렇지 않으면 차이가 있는가? 다시 말하면 여기서 언급된 '모든 성경'의 범주에는 구약 성경만이 포함되는가? 아니면 다른 문서들 즉 신약 성경 역시 포함되는가? 여기에 대해 핸드릭슨(W. Hendriksen)은 모든 성경의 범주에 "교회 안에서 성령의 증거로 말미암아, 교회에 의해서 하나님의 말씀으로 인정된 모든 성경"이 포함됨을 주장했습니다. 이 말은 구약 성경뿐만 아니라, 신약 성경 전체가 "모든 성경"의 범주에 포함된다는 것을 의미합니다. 사실 구약 성경 39권이 정경이 된 것은 A.D. 90년 경 얌니아 종교회의 결정에 의해서이고, 신약 성경 27권이 정경으로 인정받은 것은 A.D. 397년경 카르타고 회의에 의해서입니다. 그럼에도 불구하고 구약과 신약 성경이 권위 있는 하나님의 말씀으로 인정받아 정경이 된 것은 단순히 교회의 공식적인 결정이 있었기 때문이 아니라 성경 자체로 성도들의 심령에 하나님의 말씀임을 증명했기 때문입니다. 하나님께서 그것을 정경이 되게 하셨기 때문에 정경이 되었다는 사실입니다.

한편 "하나님의 감동으로 된 것으로"라는 번역된 '데오프뉴스토스'(θεόπνευστος)는 '하나님'을 뜻하는 명사 '데오스'(θεός)와 '바람이 불다', '호흡하다'라는 뜻의 동사 '프네오'(πνέω)의 파생어의 합성어에서 유래했습니다. 하나님께서 호흡하시는 이라는 뜻을 지닌 것으로 신약성경에서는 오늘 본문 이외에 나타나지 않습니다. 이것은 마치 창세기 2:7에서 여호와 하나님이 흙으로 사람을 지으시고 생기를 그 코에 불어넣어 사람이 생령이 된 것과 같이 성경 역시 하나님의 호흡으로 지어진 것이라는 사실을 드러내고 있습니다. 그러니까 "하나님의 감동"이란 하나님이 숨을 불어넣으셨다는 뜻입니다. 하나님의 숨이란 하나님의 영을 뜻합니다. 따라서 이것은 구약과 신약 성경 전체가 성령의 영감으로 말미암아 존재하게 된 것으로 성경의 신적 저작설 곧 성경 영감설의 결정적 증거가 되고 있습니다. 따라서 모든 성경 전체는 완전한 지혜를 가지신 전지하신 하나님께서 성령의 영감을 통해 지으신 것이 확실하므로 결코 오류가 없습니다. 나아가 인간 존재에게 있어서는 이 세상 그 어떤 것보다 귀하고 소중합니다. 이런 의미에서 성경이 인간의 신앙과 행위의 무오한 법칙일 수 있습니다. 이처럼 모든 성경이 하나님의 감동으로 기록되었기 때문에 하나님께서 성경의 저자가 됩니다. 그래서 베드로후서 1:21에 "예언은 언제든지 사람의 뜻으로 낸 것이 아니요 오직 성령의 감동하심을 입은 사람들이 하나님께 받아 말한 것임이니라"고 했습니다. 그래서 성경은 임의로 쓴 것이 아니고 하나님의 계시에 의해서 기록되었습니다. 따라서 모든 성경은 일점일획이라도 잘못된 오류가 없는 하나님의 계시입니다.

2. 오직 말씀 즉 성경은 구원에 이르는 지혜의 말씀입니다. – 하나님의 계시입니다.

디모데후서 3:15에 "또 어려서부터 성경을 알았나니 성경은 능히 너로 하여금 그리스도 예수 안에 있는 믿음으로 말미암아 구원에 이르는 지혜가 있게 하느니라"고 합니다. 성경은 읽은 자로 하여금 구원을 받게 하는 지혜를 줍니다. 성경은 철학이나 문학이나 과학이나 정치학의 책이 아닙니다. 성경은 죄인이 구원에 이르게 하는 지혜가 있습니다. 인간은 죄로 말미암아 어두워졌고, 영생을 상실했습니다. 그러나 하나님께서는 우리 인간을 구원하기 위해서 구체적인 방법을 제공하셨습니다. 그것은 그의 외아들 예수 그리스도를 세상에 보내시고, 우리의 죄악을 대신 짊어지게 하시고, 십자가에 죽게 하시고 삼 일만에 부활하심으로 말미암아 구원의 길이 열리게 되었습니다. 성경은 바로 이 구원의 내용을 구체적으로 기록해 놓은 것입니다. 그러므로 성경은 죄인으로 하여금 구원에 이르는 지혜를 줍니다. 그래서 우리는 성경을 통해서 하나님께서 세상을 창조하신 창조주라는 사실을 알게 됩니다. 우리는 성경을 통해서 예수 그리스도가 하나님의 아들이시며, 우리를 구원하시려고 십자가에 달려 죽으셨다는 사실을 알게 됩니다. 그분은 십자가에 달려 돌아가신 후 삼 일만에 다시 부활하셨다는 사실도! 성령을 보내 주셨다는 사실도 성경을 통하여 알게 해 주셨습니다. 이 성경은 우리로 하여금 구원에 이르는 지혜가 있게 해 줍니다. 따라서 성경은 구원에 이르는 지혜입니다.

그래서 성경은 언제부터 알아야 합니까? 디모데후서 3:15에서 "또 어려서부터 성경을 알았나니....."라고 합니다. 여기 '어려서부터'입니다. 어린아이, 태중에 있는 아이, 젖먹이, 유아를 의미합니다. 디모데의 외조모 로이스와 어머니 유니게가 디모데가 매우 어릴 적부터 성경을 가르친 사실을 함축하고 있습니다. 디모데후서 1:5에서 이미 바울은 "이는 네 속에 거짓이 없는 믿음을 생각함이라 이 믿음은 먼저 네 외조모 로이스와 네 어머니 유니게 속에 있더니 네 속에도 있는 줄을 확신하노라"고 했습니다. 따라서 여기 '어려서부터'라는 어구는 문맥상 디모데가 성경을 알기 시작한 특정한 시기를 분명하게 드러내려는 의도라기보다는 오히려 어린 시절부터 현재까지 지속된 생애 속에서 성경을 알고 있다는 사실에 더 큰 초점을 두고 있습니다. 어려서부터 성경을 알아야, 성경을 통해 구원에 이르는 지혜와 함께 일할 수 있는 성령의 능력도 받게 되는 것입니다.

3. 오직 말씀 즉 성경은 삶의 표준이 되는 복의 말씀입니다. - 하나님의 규범입니다.

디모데후서 3:16-17을 봅시다. "16. 모든 성경은 하나님의 감동으로 된 것으로 교훈과 책망과 바르게 함과 의로 교육하기에 유익하니 17. 이는 하나님의 사람으로 온전하게 하며 모든 선한 일을 행할 능력을 갖추게 하려 함이라"고 합니다. 성경을 헬라어로 "그람마"(γράμμα) 라고 합니다(3:16). 이때는 문자, 글자, 문서를 의미합니다. 명사 그람마(γράμμα)는 그라포(γράφω)에서 유래했으며, 그라페(γραφη)와 같은 의미를 가지는 동의어입니다. "그람마"(γράμμα)와 "그라페"(γραφη)는 본래 "새기거나 조각된 것"을 의미했습니다. 그 다음에 "기록된 것"이라는 넓은 의미를 갖게 되었습니다. 또 성경을 헬라어 "히에로스"(ιερός)라고 합니다(3:15). 이때는 거룩한 것을 의미합니다. 형용사 "히에로스"(ιερός)는 거룩한 것을 의미하며, 신적인 능력에 의하여 정해지거나 충만 또한 구별된 것을 의미합니다. 그래서 3:15에서 성경을 "타 히에라 그람마타"(τὰ ἱερὰ γράμματα)라고 합니다. 그리고 성경을 헬라어로 "카논"(κανών)이라고 합니다. 이때는 규칙, 표준, 척도, 기준, 규범이라는 의미입니다. 그래서 성경을 다른 말로 정경이라고 합니다. 따라서 성경은 선과 악, 진리와 비진리, 축복과 저주, 구원과 멸망의 표준이 되는 규범입니다. 그래서 성경말씀을 바로 믿고 따르는 사람은 바른 삶과 복된 삶을 살게 됩니다. 그러므로 하나님의 영감으로 기록된 성경은 성도들에게 엄청난 유익을 주고 있습니다.

바울은 디모데에게 말씀 즉 성경의 유익함을 네 가지로 제시하고 있습니다. 그 네 가지 중 첫 두 가지는 교리적인 요소와 관련이 있고, 나머지 두 가지는 실천적 요소와 관련이 되고 있습니다. 첫째는 교훈입니다. 둘째는 책망입니다. 셋째는 바르게 함입니다. 넷째는 의로 교육하는 것입니다.

이렇게 성경은 네 가지의 활동 곧 교리적인 면에서건 또는 실천적인 면에서건 유익함을 제공하기에 부족함이 없습니다. 그리고 이러한 네 가지 유익함이 지향하는 목적 혹은 그것이 산출하는 결과를 말씀하고 있습니다. 성경을 통해 교훈과 책망과 바르게 함과 의로 교육하는 것은 하나님의 사람으로 온전케 하며, 모든 선한 일을 행하기에 온전케 하기 위한 것입니다. 또한 교훈과 책망과 바르게 함과 의로 교육하면 결과적으로 하나님의 사람으로 온전케 하며 모든 선한 일을 행하기에 온전케 되기 때문입니다. 이렇게 온전한 인격을 소유한 사람을 만드는 일을 성경이 합니다. 따라서 성경은 온전한 사람을 만드는 능력이 있습니다.

더 나아가서 우리의 삶을 복되게 합니다. 창세기 12:4에 보면 아브라함이 하나님의 말씀을 좇아간 것이 복의 삶이 됐습니다. 시편 119:105에 "주의 말씀은 내 발에 등이요 내 길에 빛이니이다"라고 했습니다. 시편 119:9에는 "청년이 무엇으로 그 행실을 깨끗케 하리이까 주의 말씀을 따라 삼갈 것이니이다"라고 했습니다. 미국의 정치가 웹스터는 "미국이 받은 복의 비밀은 성경이다"라고 했습니다. 그렇다면 우리가 받는 복의 비밀도 역시 성경입니다. 따라서 성경은 우리의 삶의 표준이 될뿐 아니라. 유익을 가져다 주는 규범이 됩니다.

따라서 우리는 하나님께 너무나 감사해야 합니다. 그것을 우리가 분명히 알아야 합니다. 우리 하나님께서 우리를 너무나 사랑하시기에 교회에 두 가지 선물을 주셨는데, 첫째는 말씀 즉 성경을 주셨고, 둘째는 말씀 즉 성경을 가르칠 교사를 주셨습니다. 이 지구촌 어떤 곳에는 성경을 보고 싶지만 성경이 없어서 보지 못하는 안타까운 사람들이 있는가 하면 성경은 있으나 가르칠 교사가 없어서 그 의미를 알지 못해 안타까운 인생들이 있습니다. 그러나 저와 여러분은 이렇게 성경을 마음대로 읽을 수 있으니 얼마나 감사합니까? 성경을 해석해 줄 하나님의 종들이 있으니 얼마나 다행스러운 일입니까?

부디 바라기는 우리는 부지런히 가르쳐야 하고, 부지런히 배워야 합니다. 세상에 배울 것이 많지만 무엇보다 먼저 할 일은 성경을 배우는 일입니다. 이는 우리 부모들이 하나님께 받은 명령임을 잊지 말아야 합니다. 우리 교사들은 하나님의 사람으로 온전케 되며, 모든 선한 일을 행하기에 온전케 되는 일이 우리의 손에 달린 줄 자각하시고 더욱 책임감을 느끼고 충성을 다해야 합니다. 그리고 온 교회 성도들은 교사들이 어린아이를 한 사람이라도 더 가르칠 수 있도록 어린아이들을 모아 주셔야 합니다.

디모데후서 3:13에는 "악한 사람들과 속이는 자들은 더욱 악하여져서 속이기도 하고 속기도 하나니"라고 하는데, 어쩌면 바울이 살고 있던 시대와 오늘 우리가 살고 있는 이 시대가 이렇게도 똑같을 수가 있을까요? 이러한 시대적 상황 속에서 어떻게 하라고 하였습니까? 3:14의 첫 머리에 나오는 "그러나"라는 접속사에 유념해야 합니다. "세상이 아무리 악해지고 악이 득세하여 악한 자가 잘되고 승리한다고 할지라도, 속이는 사람이 많아서 정직하게 살면 죽을 것 같아도" "그러나" 너희들은 그렇게 해서는 안 된다고 하시면서 세 가지를 명령하고 있습니다.

첫째는 "배우라"고 합니다. 공자는 세 사람이 길을 가면 반드시 그 중에 하나는 스승이 있다고 했습니다. 자기보다 나은 사람이 있고 못한 사람이 있습니다. 나은 사람에게는 장점을 배우고 못한 사람에게는 단점을 보고 반성하면 곧 이들 모두가 스승입니다. 사람은 교육에 의해서 사람이 됩니다. 죽을 때까지 배워야합니다. 배움이 중요하지만 모든 것이 유용한 것은 아닙니다. 여기에서 "배우라"는 것은 말씀을 배우라는 말입니다. 왜냐하면 말씀은 진리이고 생명이고 창조이며 기초이며 핵심이며 사람을 온전케 만드는 근본이기 때문입니다. 말씀 앞에서는 살인마도 강도도, 사기꾼도 핍박자도 회의론자도 믿음의 사람이 됩니다.

류 윌리스라는 사람은 자기의 친한 친구가 고리타분한 신앙에 빠져있는 것이 불만이었습니다. 그는 합리적으로 성경의 허구성을 파헤치기 위해서 자료를 수집하고 연구하기를 시작했습니다. 그러자니 성경을 읽지 않을 수 없었고 성경을 정독하기를 시작했습니다. 한 번을 정독하고 나니 회의에서 확신으로 마음이 움직이기 시작합니다. 두 번을 읽고 나니 믿음이 생기기 시작합니다. 세 번째 읽다가 그는 완전히 믿음을 가지게 되었습니다. 성경의 허구성을 증명하기 위해 성경을 읽다가 성경이 영원한 진리라는 증거의 소설을 쓰게 되었는데 그 소설이 영화로 제작되어 불후의 명작이된 "벤허"라는 작품입니다. 말씀은 나를 변화시킵니다. 내 생각을 변화시킵니다. 생각이 바뀌면 행동이 바뀌고 행동이 바뀌면 습관이 바뀌고 습관이 바뀌면 운명이 바뀝니다. 말씀 앞에 철저히 나를 내려놓고 순종하십시오. 그러면 말씀이 나를 바꾸어 주실 것입니다.

둘째는 "확신하라"고 합니다. 사격하는 자는 "정조준"해야 합니다. 백발백중하겠다는 확신을 가지고 총을 쏘는 사람과 방향도 목표도 없이 총을 쏘는 사람과는 하늘과 땅의 차이가 있습니다. "一石二鳥", "도랑 치고 가재 잡고", "누이 좋고 매부 좋고", 다 같은 말입니다. 한 가지 일을 하면서 두 가지를 충족시킨다는 의미입니다. 우리가 성경 지식을 많이 갖는 것도 중요하지만 성경을 읽고 맥을 확실히 잡고 안 것에 대해서는 확고부동한 믿음을 가져야합니다. 성경에는 모든 것이 기록되어 있기 때문에 맥을 잡지 못하고 읽으면 열 번, 스무 번을 읽어도 무슨 뜻인지 이해가 가지 않습니다. 그래서 체계적으로 성경을 공부할 필요가 있습니다.

그렇다면 성경에서 무엇을 확신해야 할까요? 첫째가 "내가 죄인이다"라는 것이고, 둘째는 "나는 구원받은 하나님의 자녀다"라는 확신입니다. 성경에 다른 것은 다 알아도 이것에 대한 확신이 서지 않으면 성경을 처음부터 다시 읽어야 합니다. 반대로 다른 것은 다 몰라도 이 두 가지에 대해서 확신을 가지고 성경을 읽었다면 성경의 중심을 바로 잡은 것입니다. 그만큼 중요한 문제입니다.

성경에는 예수를 만나서 구원받은 사람이 많습니다. 그들이 예수님을 만난 상황이 다를지라도 공통점이 있습니다. 그것은 "자신들이 죄인임"을 깨달은 것입니다. 베드로는 고기 잡다가 예수님을 만났습니다. 빈 그물을 채우시는 예수님의 능력을 보고 "주여 나를 떠나소서 나는 죄인이로소이다"(눅 5:8)하였고, 삭개오는 예수님에 대한 호기심으로 예수님을 만나지만 "자신의 토색을 4배로 갚겠다고 회개합니다"(눅19:8). 바울은 "자신을 죄인 중에 괴수"라고 고백합니다. 성경을 읽으면서 희망의 확신도 중요하고 축복의 확신도 중요하지만 "내가 죄인이라"는 확신이 가장 중요합니다. 만일 이 확신이 없다면 예수를 구주로 믿지는 못합니다.

두 번째로 확신해야할 것은 "나는 하나님의 구원받은 자녀라는 확신"입니다. 이 확신이 없으면 억만금을 가진 거지 노릇하다가 죽는 불쌍한 사람이 됩니다. 우리가 성경을 읽고 확신해야하는 가장 기본적인 두 가지 사실은 "나는 죄인이었으나 지금은 예수 그리스도의 보혈의 능력으로 하나님의 자녀가 되었다"라는 것을 확신하는 것입니다.

셋째는 "거하라"고 합니다. 이 말씀이 중요합니다. 왜냐하면 이 말의 의미는 "그 상태를 계속 유지하라"는 뜻입니다. 따라서 여기 '거하라'는 말은 '계속적으로 머물러 있으라'는 말입니다.

손자병법에 보면 "성을 빼앗기보다 성을 지키기가 더 어렵다"고 합니다. 사업을 성공하기도 어렵지만 정상을 유지한다는 것은 더욱 어렵습니다. 은혜 받기도 어렵지만 그 은혜를 유지하기가 더 어렵습니다. 명예를 얻기도 어렵지만 지키기는 더 어렵습니다.

초대교회에 일곱 사람을 세웠습니다. 그러나 성경에서 일곱 사람을 세워주셨지만, 스데반과 빌립 이외에는 멋진 신앙의 모습을 한 사람이 별로 없습니다. 12제자 가운데서도 베드로와 요한 이외에 크게 두각을 드러낸 사도가 없습니다. 그 상태를 계속 유지하는 것이 정말 어렵습니다. 그래서 우리는 욕심내서 없는 것을 자꾸 달라고 하지 말고, 있는 것을 잘 지키게 해 주옵소서라고 해야 합니다. 그 말씀 안에 계속 거하면서 살아야 합니다.

바울은 디모데에게 3:14에서 "너는 배우고 확신한 일에 거하라"고 권면하고 있습니다. 그 당시 유대인 신자들이 복음을 버리고 다시 율법주의로 되돌아가고, 이방인 신자들은 도덕적 패륜에 빠져 믿음의 길에서 떨어져 나가는 경향이 있었습니다. 이러한 현상은 진리를 배우지 못하고 확고한 신념이 없었기 때문입니다. 그러므로 바울은 디모데에게 성경을 배우고 확신 속에 거하라고 당부하고 있습니다.

신명기 6:1-3에서 "1. 이는 곧 너희의 하나님 여호와께서 너희에게 가르치라고 명하신 명령과 규례와 법도라 너희가 건너가서 차지할 땅에서 행할 것이니 2. 곧 너와 네 아들과 네 손자들이 평생에 네 하나님 여호와를 경외하며 내가 너희에게 명한 그 모든 규례와 명령을 지키게 하기 위한 것이며 또 네 날을 장구하게 하기 위한 것이라 3. 이스라엘아 듣고 삼가 그것을 행하라 그리하면 네가 복을 받고 네 조상들의 하나님 여호와께서 네게 허락하심 같이 젖과 꿀이 흐르는 땅에서 네가 크게 번성하리라"라고 합니다.

신명기 6:2에서 하나님께서 부모들에게 주신 명령이 무엇입니까? "너와 네 아들과 네 손자들이 평생에 네 하나님 여호와를 경외하며, 내가 너희에게 명한 그 모든 규례와 명령을 지키게 하는 것"입니다. 다시 말하면 하나님의 말씀을 날마다 잘 가르치는 것이 부모의 중요한 책임입니다. 그래서 부모들은 부지런히 자녀들에게 토라를 가르쳤습니다. "토라"라는 말은 "율법"이라는 말입니다. 이 율법을 "네 자녀에게 부지런히 가르치며 집에 앉아 있을 때든지 길에 행할 때든지 누웠을 때든지 일어날 때든지 이 말씀을 강론하라"는 것입니다. 이것이 부모의 사명입니다. 아버지와 어머니의 신앙을 전승하는 전승의 신앙을 아주 중요하게 생각했습니다.

그러면 가르치는 교과의 내용이 무엇입니까? 물론 성경입니다. 좀 더 구체적으로 말씀드리면 신명기 6:4-5입니다. "4. 이스라엘아 들으라 우리 하나님 여호와는 오직 유일한 여호와이시니 5. 너는 마음을 다하고 뜻을 다하고 힘을 다하여 네 하나님 여호와를 사랑하라"고 합니다.

여기서 말씀의 시작을 "이스라엘아 들으라!"라고 시작합니다. 들으라 즉 쉐마 교육입니다. 이것은 한마디로 하나님 백성들의 교육헌장입니다. 이스라엘 교육 정신은 하나님 말씀을 순종하고 따르는 것이며 하나님을 사랑하는 데 있습니다. 그들의 교육헌장은 신명기 6:4-5에 근거하고 있습니다. "이스라엘아 들으라 우리 하나님 여호와는 오직 유일한 여호와이시니 너는 마음을 다하고 뜻을 다하고 힘을 다하여 네 하나님 여호와를 사랑하라"고 합니다. 하나님 말씀을 듣는 것이 교육의 중심입니다. 우리가 듣고 또 들어야 할 말씀은 "마음을 다하고 뜻을 다하고 성품을 다하고 힘을 다하여 하나님을 사랑하도록 하는 율법"입니다. 이것이 우리 기독교 교육의 헌장이며, 교육 내용입니다. 아이나 어른이나 하나님께서 우리에게 주시는 말씀은 "이스라엘아! 들으라!"라는 명령입니다. 기독교 교육은 듣는 데서부터 시작되는 것입니다. 믿음도 들음에서 나오지 않습니까? 그 들음이 쉐마입니다.

무엇을 들어야 합니까? 하나님의 말씀인 성경을 들어야 합니다. 첫째는 우리가 믿는 하나님은 유일신 하나님이시라는 사실과 둘째는 그 여호와라 하는 하나님을 마음을 다하고 성품을 다하고 힘을 다하여 사랑해야 한다는 것을 가르치는 것이 교육 내용의 핵심입니다.

그러면 그 성경을 어떻게 가르치라고 하십니까? 그 교육 방법은 신명기 6:6-9에 제시되어 있습니다. "6. 오늘 내가 네게 명하는 이 말씀을 너는 마음에 새기고 7. 네 자녀에게 부지런히 가르치며 집에 앉았을 때에든지 길을 갈 때에든지 누워 있을 때에든지 일어날 때에든지 이 말씀을 강론할 것이며 8. 너는 또 그것을 네 손목에 매어 기호를 삼으며 네 미간에 붙여 표로 삼고 9. 또 네 집 문설주와 바깥 문에 기록할지니라"고 했습니다.

이 말씀을 분석하여 보면 교육의 장은 가정임을 알 수 있습니다. 이 말씀을 먼저 알아야 할 사람은 그 부모입니다. 그래서 "오늘 내가 네게 명하는 이 말씀을 너는 마음에 새기고"라고 하신 것입니다. 하나님의 명령인 성경을 제일 먼저 마음에 새겨야 할 사람은 그 부모입니다. 그리고 6:7에 "네 자녀들에게 부지런히 가르치라"라고 합니다.

유대인들의 집은 다른 나라의 집들과 다른 점이 오직 하나가 있습니다. 문설주에 성경구절이 붙어 있는 메주자(mezuzah)가 있는 그것입니다. 호텔에 들어가도 매주자가 문설주 옆에 붙어 있습니다. 방마다 붙어 있습니다. 그리고 집안 식구들은 출입할 때마다 그곳에 입을 맞춥니다. "하나님 말씀을 손목에 붙이고 이마에 매는 것"은 네 손으로 무슨 일을 하든지 하나님의 은혜임을 깨닫고 불완전한 인간의 지식보다 하나님의 지혜인 말씀에 의존하여야 한다는 것을 의미합니다.

잠언 22:6에 보면 "마땅히 행할 길을 아이에게 가르치라 그리하면 늙어도 그것을 떠나지 아니하리라"고 하셨습니다. 그래서 부모들의 가장 중요한 의무는 어린 자녀들에게 성경을 가르치는 일입니다. 이것은 부모들에게 주신 하나님의 명령입니다. 이렇게 하나님의 말씀을 가르치고 부모들의 의무를 다 한 결과 그 민족은 세계 열방이 두려워하는 민족과 국가를 이루었으니 이것은 약속의 성취입니다. 신명기 6:2에 "또 네 날을 장구케 하기 위한 것이라……젖과 꿀이 흐르는 땅에서 너의 수효가 심히 강성하리라"라고 약속하신 말씀이 성취된 것입니다. 여호와의 말씀에 순종하면 "여호와께서 너로 머리가 되고 꼬리가 되지 않게 하시며 위에만 있고 아래에 있지 않게 하시리니 오직 너는 내가 오늘날 네게 명하는 네 하나님 여호와의 명령을 듣고 지켜 행하면 그렇게 해 주시겠다"는 약속의 성취입니다(신 28:13).

04
오직 믿음 중심

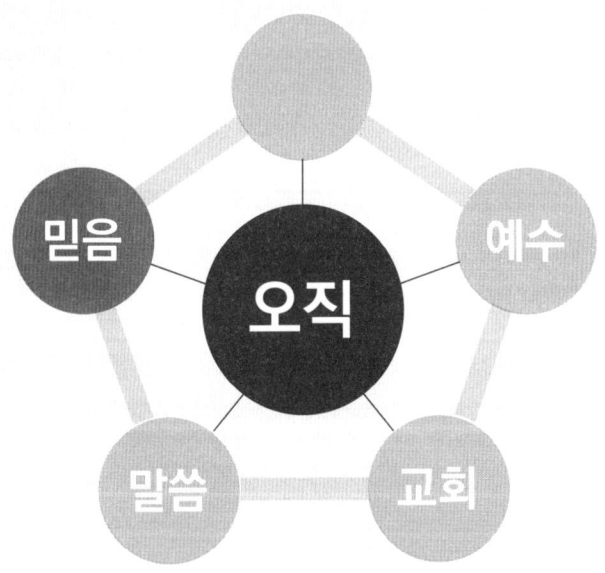

04 | 오직 믿음 중심

성경 : 로마서 1 : 17 / 갈라디아서 3 : 6 – 14

종교개혁자들이 우리에게 물려준 아주 중요한 유산은 '오직'입니다. 오직이라는 신앙의 중심입니다. 지금까지 '오직' 우리가 가져야 할 신앙의 중심에 대해서 생각했습니다.

첫째, 오직 예수 중심이라고 했습니다. 오직 예수님만이 나의 구원자이시기 때문입니다. 또 오직 예수님만이 나의 만유의 주이시기 때문입니다. 그리고 오직 예수님만이 나의 심판자이시기 때문입니다. 둘째, 오직 교회 중심이라고 했습니다. 오직 교회만이 하나님의 백성이기 때문입니다. 또 오직 교회만이 그리스도의 몸이기 때문입니다. 그리고 오직 교회만이 성령의 전이기 때문입니다. 셋째, 오직 말씀 중심이라고 했습니다. 오직 말씀만이 하나님의 말씀이기 때문입니다. 또 오직 말씀만이 하나님의 계시이기 때문입니다. 그리고 오직 말씀만이 하나님의 규범이기 때문입니다.

오직 믿음 중심의 신앙생활은 어떤 것일까요?

구약 성경 하박국 2:4에서 "의인은 그의 믿음으로 말미암아 살리라"고 합니다. 이 말씀을 신약성경에서 세 곳에서 인용하고 있습니다.

첫째는 로마서 1:17입니다. "……오직 의인은 믿음으로 말미암아 살리라 함과 같으니라"고 합니다. 이렇게 로마서 1:17의 경우는 '의인'을 강조하고 있습니다. '복음에는 하나님의 의가 나타나서 믿음으로 믿음에 이르게 하나니 기록된 바 오직 의인은 믿음으로 말미암아 살리라'고 합니다. 문맥으로 보면 로마서 1:17은 의인을 강조하고 있습니다. '믿음으로 의롭게 된 의인은 그 믿음으로 말미암아 살 것이다'라는 것입니다.

둘째는 히브리서 10:38입니다. "나의 의인은 믿음으로 말미암아 살리라……"고 합니다. 이렇게 히브리서 10:38의 경우는 '믿음'을 강조하고 있습니다. '나의 의인은 믿음으로 말미암아 살리라 또한 뒤로 물러가면 내 마음이 그를 기뻐하지 아니하리라'고 합니다. 문맥으로 보면 히브리서 10:38은 믿음을 강조하고 있습니다. '믿음을 가진 자'만이 침륜에 빠지지 않고, 배도의 길에 빠지지 않도록 생활할 수 있습니다. 그러나 믿음이 없으면 영적인 생활도 있을 수 없습니다. 믿음이 배도자와 참 신자를 갈라놓는 척도가 됩니다.

셋째는 갈라디아서 3:11입니다. "……이는 의인은 믿음으로 살리라 하였음이라"고 합니다. 이렇게 갈라디아서 3:11은 '살리라'를 강조하고 있습니다. 3:10에서 "누구든지 율법 책에 기록된 대로 모든 일을 항상 행하지 아니하는 자는 저주 아래 있는 자라 하였음이라"고 합니다. 3:12에서 "율법은 믿음에서 난 것이 아니니 율법을 행하는 자는 그 가운데서 살리라 하였으니라"고 합니다. 이처럼 갈라디아서 3:11은 사는 것 즉 행하는 것을 강조하는 문맥 가운데 싸여 있습니다.

이렇게 동일한 하박국 2:4을 모두 인용하고 있지만, 그 강조점에는 분명한 차이점이 있습니다. 그러나 로마서 1:17이나, 히브리서 10:38이나, 갈라디아서 3:11이나 모두 그 근본적인 의미는 같습니다. 조금씩 각각 다른 부분을 강조하지만, 모두 믿음이 있어야 의인이 되며, 믿음이 있어야 영적인 삶을 살 수 있기 때문입니다.

그래서 로마서 1:16에서 '이 복음은 모든 믿는 자에게 구원을 주시는 하나님의 능력이 됨이라'고 했습니다. 하나님의 놀라운 능력은 오직 복음을 믿는 자에게만 나타납니다. 믿기를 거부하는 사람들에게는 복음이 아무 의미도 없으며 오히려 심판을 받을 근거를 제공할 뿐입니다(막 16:16). 누구나 임의로 복음을 받아들일 수도 있고, 거부할 수도 있지만, 그 결과에 대해서는 반드시 자신이 책임을 져야 합니다. 그래서 1:17에서도 '믿음으로 믿음에 이르게 하는 것'(ἐκ πίστεω" εἰ" πίστιν,)입니다. 사람이 하나님으로 의롭다 하심을 얻게 되는 유일한 출발점과 목표점이 믿음인 것을 말씀하고 있습니다. 인간의 구원 과정에 있어 결정적 전환점이자 구원의 전 과정에 필히 요청되는 최소한의 법적 요건의 충족이기도 한 칭의(稱義)를 얻는데 있어 믿음을 대치시킬 만한 다른 어떤 방법도 이 세상에 존재하지 않습니다.

이런 점에서 볼 때 1:17에서 두 번 나오는 '믿음'이라는 단어는 동일하지만, 그 의미에서는 약간 다름을 알 수 있습니다. 앞에 나오는 '믿음으로'(ἐκ πίστεως)의 믿음은 그리스도를 만나 구주로 고백하는 기본적인 믿음을 가리킵니다. 하나님과 인간이 바른 관계를 맺는 길은 바로 그리스도에 대한 믿음에서 출발합니다. 그렇다면 뒤에 나오는 '믿음에 이르게'(εἰς πίστιν,)하는 믿음은 하나님의 의의 출발점으로서 믿음을 말하는 앞서 나오는 믿음과 달리 그 믿음의 결과로서 그리스도인의 삶을 특징짓는 성숙한 믿음을 가리킵니다. 그러니까 구원받는 믿음과 생활의 믿음, 속죄의 믿음과 능력의 믿음입니다. 따라서 오직 믿음으로 의를 얻게 되는 것입니다.

여기서 이신득의(以信得義)의 신학적 체계가 세워졌습니다. '신'(信)은 앞에 나온 '믿음'에 해당되고, '의'(義)는 뒤에 나오는 '믿음'과 동일한 의미를 갖습니다. 사람은 오직 믿음으로(sola φιδε) 의롭다 하심을 얻게 됩니다. 칭의의 유일한 조건은 복음을 받아들이는 믿음뿐입니다. 이 믿음은 하나님과 우리의 관계를 완전히 바꾸어 놓았습니다. 믿음에는 이를 증거하는 합당한 생활이 따르게 마련이지만, 의인이 되는 조건은 믿음 외에는 다른 어떤 것도 없습니다. 이것은 영원불변의 진리입니다.

그래서 하나님으로부터 의롭다 하심을 얻는 길이 오직 믿음뿐이라는 사실은 이미 구약에 계시되어 있었습니다. 이 원리는 구약의 사상과도 일치합니다. 구약 하박국 2:4을 인용하고 있습니다. '오직 의인은 믿음으로 말미암아 살리라'(ὁ δὲ δίκαιος ἐκ πίστεως ζήσεται)고 합니다. 여기에 크게 두 가지 해석이 있습니다.

첫째, '믿음으로 말미암아'가 의인을 수식한다는 견해입니다. 믿음으로 말미암아 의인이 된 사람은 살 것이다가 됩니다. 의인이 될 수 있는 방편이 믿음뿐이라는 사실과 더불어 믿음을 가진 사람만이 영생을 맛보게 된다는 사실에 강조점을 두고 있습니다(공동번역).

둘째, '믿음으로 말미암아'가 살리라를 수식한다는 견해입니다. 의인이 어떻게 살아야 하는가에 대한 방법의 문제에 강조를 두는 해석입니다(한글개역성경, KJV, NASB, NIV 등). 하박국의 문맥에서는 두 번째 해석의 의미를 취하고 있습니다. 그러나 바울은 이 두 가지 의미를 다 포함할 수 있습니다. 믿음으로 의롭게 된 의인은 그 믿음으로 말미암아 살 것이라는 사실을 모두 보여주고 있습니다. 비록 하나님께서 하시는 일이 이해하기 힘들다 하더라도 하나님을 믿는 의인은 그 분을 잠잠히 신뢰하는 그 믿음으로 살아가야 합니다. 복음을 믿음으로 의롭게 됩니다. 또한 복음으로 의롭게 된 자들은 믿음으로 살아야 합니다.

오직 믿음이라고 할 때 무엇을 믿는 것입니까? 철학자, 문학가가 말하는 신념 같은 것이 아닙니다. 공자를 믿는 믿음도 아니고 석가를 믿는 믿음도 아닙니다. 바울이 말하는 이 믿음(τῷ πιστεύοντι)이라는 말에는 정관사가 있습니다. 그 믿음의 대상을 분명히 하라는 것입니다. 그리고 그 믿음으로 말미암아 살리라고 한 것입니다. 그 믿음이 무엇입니까?

첫째, 삼위일체 하나님을 믿어야 합니다. 이러한 사실은 신앙고백에 너무나 명백하게 있습니다. 이 부분은 더 이상 말할 것이 없습니다.

둘째, 성경이 하나님의 말씀이라는 것을 믿어야 합니다. 기독교는 맹목적으로 믿는 것이 아닙니다. 하나님이 말씀하신 진리의 말씀을 믿는 것입니다. 이러한 성경의 핵심이 예수 그리스도입니다. 요한복음 5:39에서 "너희가 성경에서 영생을 얻는 줄로 생각하고 성경을 연구하거니와 이 성경이 곧 내게 대하여 증언하는 것이니라"고 했습니다. 5:46에서는 "모세를 믿었더라면 나를 믿었으리니 이는 그가 내게 대하여 기록하였음이라"고 했습니다.

셋째, 예수 그리스도의 초림을 믿었다면, 이제 재림까지도 믿어야 합니다. 다시 심판주로 오실 예수 그리스도를 믿어야 합니다. 예수 그리스도의 탄생과 고난 받으심, 죽으심과 부활뿐만 아니라, 재림을 통한 심판과 영생을 믿어야 합니다. 새 하늘과 새 땅의 에덴의 회복을 믿어야 합니다. 그 예수 그리스도를 통해서 생명을 얻고, 구원을 얻고, 영생을 얻습니다. 그래서 그 중에 제2위 되시는 예수 그리스도를 믿어야 합니다. 마태복음 16:16에서 "시몬 베드로가 대답하여 이르되 주는 그리스도시오 살아계신 하나님의 아들이시니이다"라고 했습니다. 또한 요한복음 20:31에서 "오직 이것을 기록함은 너희로 예수께서 하나님의 아들 그리스도이심을 믿게 하려 함이요 또 너희로 믿고 그 이름을 힘입어 생명을 얻게 하려 함이니라"고 했습니다. 한마디로 나 같은 죄인을 살리신 예수님을 믿는 그 믿음으로 말미암아 살리라는 것입니다.

그러니까 믿음에서 예수님 즉 복음을 빼 버리면 가짜 믿음입니다. 그런데 믿음이 어디에서부터 온다고 했습니까? 로마서 10:17, "믿음은 들음에서 나며 들음은 그리스도의 말씀으로 말미암았느니라"라고 합니다. 믿음은 들음에서 난다고 했습니다.

들음은 그리스도의 말씀으로 말미암는다고 했습니다. 교회의 예배를 드리는 시간은 말씀을 듣는 시간입니다. 그래서 오직 예수 중심, 오직 교회 중심, 오직 말씀 중심이 되어야 하고, 그것을 믿는 오직 믿음 중심이 되어야 합니다.

그래서 예배를 소중히 여겨야 합니다. 한마디로 예배드리는 시간은 듣는 시간입니다. 그리스도의 말씀을 듣는 시간이 예배드리는 시간입니다. 초대교회 성도들은 예수님의 말씀을 그대로 믿었습니다. 이유가 있습니다. 예수님께서 '소경아 눈을 뜨라'고 말씀하셨을 때 소경이 실제로 눈을 떴기 때문입니다. '귀머거리야 들으라' 하셨을 때 귀머거리가 듣고 '바람아 잔잔하라' 했을 때 풍랑이 잔잔해졌기 때문에 예수님의 말씀의 능력을 그대로 믿었습니다. 갈라디아서 3:6 역시도 오직 믿음을 강조하고, 또한 오직 믿음으로 살아야 함을 강조하고 있습니다.

1. 오직 믿음으로 의롭게 될 수 있습니다. / 죄인이 의인이 됩니다.

갈라디아서 3:6, "아브라함이 하나님을 믿으매 그것을 그에게 의로 정하셨다 함과 같으니라"고 합니다. 3:1-5을 갈라디아 교회의 경험을 통해서 논증을 했다면, 3:6-9은 구약성경의 아브라함을 통해서 논증을 하고 있습니다. 갈라디아서 3:6은 창세기 15:6을 인용하고 있습니다. 하나님께서 하늘의 뭇별과 같이 셀 수 없을 만큼 많은 자손을 주시겠다고 약속했습니다. 이 약속에 대해 아브라함이 하나님을 믿었습니다. 그리고 그것이 그에게 의로 여겨졌습니다. 물론 여기에서 그것이 무엇을 가리키는지 불명합니다. 하나님을 지시할 수도 있고, 아브라함이 하나님을 믿었다는 사실을 가리킬 수도 있습니다. 또 그에게가 누구를 가리키는지도 불분명합니다. 하나님을 가리킬 수도 있고, 아브라함을 가리킬 수도 있습니다. 이러한 불확실함에도 불구하고 분명한 것은 아브라함과 하나님 사이에 새로운 의의 관계가 이루어졌습니다. 이러한 새로운 관계가 설정된 것은 바로 믿음입니다. 그래서 구조적으로 아브라함 – 믿었다 – 하나님입니다. 아브라함은 믿음으로 하나님 앞에서 의인으로 서게 되었습니다. 이렇게 아브라함과 같이 갈라디아 교회 성도들 역시도 오직 믿음으로 의롭게 됩니다.

갈라디아서 3:8, "또 하나님이 이방을 믿음으로 말미암아 의로 정하실 것을 성경에 미리 알고 먼저 아브라함에게 복음을 전하되 모든 이방인이 너로 말미암아 복을 받으리라 하였느니라"고 합니다. 이 말씀에 의하면, '이방이 믿음으로 의로 정하실 것이다'고 말씀합니다. 또 동시에 '모든 이방이 너로 말미암아 복을 받으리라'고 말씀하고 있습니다. 모든 이방이 아브라함을 인하여 복을 받게 되는데, 그것은 바로 믿음으로 의롭게 되는 것입니다.

믿음으로 의롭게 되는 것은 아브라함에게만 해당되는 것이 아닙니다. 이것은 모든 사람에게 허락됩니다. 이방인에도 마찬가지입니다. 아브라함이 믿음으로 의롭게 되듯이, 바울이나, 갈라디아 교회 성도들 역시도 믿음으로 의롭게 됩니다. 이러한 의미에서 아브라함과 같은 선상에 있습니다. 비록 아브라함과 바울과 갈라디아 교회 사이에는 엄청난 시간의 간격이 있으나 믿음으로 의롭게 되는 이신칭의의 문제에 있어서는 모두 동일한 위치에 있습니다. 이방인들 역시도 믿음으로 의롭게 됩니다.

그런데 그 당시 유대주의자들은 어떻게 생각했습니까? 창세기 15:6만 가지고 안된다는 것입니다. 또 하나가 더 필요하다는 것입니다. 바로 창세기 17:24의 할례입니다. 아브라함이 하나님을 믿었다고 하는 창세기 15:6은 기본적인 형식이고, 창세기 17:24은 발전된 완전한 형식으로서, 이 두 요소는 항상 짝을 이룬다고 생각했습니다. 그래서 아브라함이 의롭다함을 받은 것은 믿음과 할례 때문이라는 것입니다.

그러나 이것은 전혀 근거 없는 주장입니다. 아브라함은 할례를 받기 훨씬 이전에 할례와는 상관없이 오직 믿음에만 근거하여 이미 의롭다는 선언을 받았습니다. 할례를 받은 것은 이미 의롭다는 선언을 받았음을 추인하는 것에 지나지 않습니다. 이러한 사실을 로마서 4:9-10에서 분명하게 말씀하고 있습니다. 아브라함이 할례받기 이전에 의롭다 여김을 받았다는 사실을 말씀하고 있습니다.

그럼에도 불구하고 유대주의자들은 율법의 행위로 의롭게 될 수 있다고 생각했습니다. 그래서 바울은 오늘 본문 3:11에서 "또 하나님 앞에서 아무도 율법으로 말미암아 의롭게 되지 못할 것이 분명하니 이는 의인은 믿음으로 살리라 하였음이라"고 합니다. 하나님 앞에서 아무도 율법으로 말미암아 의롭게 되지 못한 것이 분명하다고 말씀하고 있습니다.

2. 오직 믿음으로 아브라함의 자손이 될 수 있습니다. / 마귀의 자녀가 하나님의 자녀가 됩니다.

갈라디아서 3:7에서 "그런즉 믿음으로 말미암은 자들은 아브라함의 자손인 줄 알지어다"라고 합니다. 믿음을 가지고 있는 사람들은 아브라함의 계열에 서 있는 사람, 신앙인의 계승, 후손입니다. 새로운 계보입니다. 아브라함에게서 이삭으로, 이삭에서 야곱으로, 야곱에게서 열두 지파로 이어지는 육체적인 계보와 달리 아브라함에게서 믿음으로 이어지는 영적인 계보가 이루어

집니다. 이러한 영적인 계보를 따라서 모든 믿는 자들은 아브라함의 아들이라는 새로운 신분을 얻습니다. 이것은 모든 믿는 자에게 주어지는 놀라운 영광입니다.

갈라디아 교회 성도들에게 바울이 이와 같은 믿은 자의 영광을 말씀하시는 까닭은 유혹을 받아 다른 복음으로 가려는 어리석음을 지적하려는 것입니다. 믿음의 계보에서 아브라함과 같이 영광스러운 위치에 서게 된 믿음의 자녀가 그 자리에서 떠나는 것은 얼마나 어리석은 일입니까? 오직 믿음으로 아브라함의 자손이 됩니다. 오직 믿음으로 아브라함의 자손이기 때문에 3:9에서 "그러므로 믿음으로 말미암아 믿음이 있는 아브라함과 함께 복을 받느니라"고 합니다. 하나님께서 창세기 12:3과 18:18에 아브라함에게 약속하신 복은 바로 오직 믿음으로 말미암은 것입니다.

그런데 유대주의자들은 혈통을 따져서 아브라함의 후계가 되어야만 비로소 아브라함의 아들 곧 후손이라고 합니다. 여기에 대해 바울은 무엇이라고 합니까? 3:10에서 "무릇 율법 행위에 속한 자들은 저주 아래에 있나니 기록된 바 누구든지 율법 책에 기록된 대로 모든 일을 항상 행하지 아니하는 자는 저주 아래 있는 자라 하였음이라"고 합니다. 이 말씀은 신명기 27:26을 인용하고 있습니다. 그런데 신명기 27:26에 보면 "이 율법의 말씀을 실행하지 아니하는 자는 저주를 받을 것이라 할 것이요 모든 백성은 아멘 할지니라"고 합니다. 우리말로 읽어도 표현에 약간 차이가 나는 것을 볼 수 있습니다. 그러나 내용상으로는 차이가 없습니다.

이 인용문은 모세가 이스라엘의 열두 지파를 반씩 나누어서 반은 그리심산에 세워 축복을 선언하게 하고, 나머지 반은 에발산에 세워서 저주를 선언하게 한 일에서 유래했습니다(신 27:11-26). 이때 모세는 열두 가지 저주를 선언하는데, 인용문은 이 열두 가지 저주 가운데 마지막 저주로서, 앞선 열한 가지 저주를 요약 정리한 것입니다. 열두 가지 저주는 열두 가지 율법의 명령들을 말한 뒤에 그 율법 조항들을 지키지 않으면 저주를 받는다는 내용으로 되어 있습니다.

유대주의자들은 바로 이 구절을 근거로 하면서 율법을 지키지 않으면 저주에 떨어지기 때문에 저주에 떨어지지 않기 위해서라도 율법을 반드시 지켜야 한다는 주장을 폈습니다.

3:12에서 "율법은 믿음에서 난 것이 아니니 율법을 행하는 자는 그 가운데서 살리라 하였느니라"고 합니다. 이 말씀은 레위기 18:5을 인용합니다. 유대주의자들은 신명기 27:26의 말씀과 짝을 이루는 레위기 18:5의 말씀을 아울러 자신들의 행위의 의를 주장하는 논거로 삼았습니다. "너희는 내 규례와 법도를 지키라

사람이 이를 행하면 그로 말미암아 살리라 나는 여호와이니라"
고 했습니다. 표현상으로는 인용문에 차이가 나지만, 역시 내용
상으로는 별다른 차이가 없습니다.

유대주의자들이 이 말씀을 근거로 하여 율법을 행할 때 영원
한 생명을 얻는다고 합니다. 행위의 의를 주장한 증거로 삼았습
니다. 따라서 3:10의 인용문과 3:12의 인용문을 문자 그대로 연
결시키면 아주 명료하게 율법을 지키지 않으면 저주를 받고, 율
법을 지키면 산다는 원리를 얻을 수 있습니다. 이 두 말씀에 근
거하여 유대주의자들은 율법을 행하는 것이 사는 길, 곧 하나님
앞에서 의롭다는 선언을 받는 길이라고 자신있게 가르쳤습니다.

그렇다면 유대주의자들의 가르침은 바른 해석입니까? 아닙니
다. 성경을 문자 그대로 해석하고 받아들였습니다. 더 큰 문맥
안에서 해석하지 못했습니다. 신명기와 레위기 나아가서는 모세
의 율법 전체가 어떤 문맥 안에서 주어진 것입니까? 바로 모세의
율법 전에 이미 하나님의 은혜로 하나님의 백성이 된 자들에게
주어진 명령들입니다. 하나님은 율법을 주시기 전에 출애굽기
20:2에서 "나는 너를 애굽 땅 종 되었던 집에서 인도하여 낸 너
의 하나님 여호와로라"는 선언을 하시고 난 후에 출애굽기 20:3
부터 율법을 주십니다. 레위기 18:5의 말씀을 주실 때에도 하나
님은 18:1에서 "나는 여호와 너희 하나님이라"는 말씀을 주시는

것을 잊지 않으셨습니다. 신명기에 나오는 모든 율법의 명령들도 이 명령을 주시기 전에 신명기 5:6에서 "나는 너를 애굽 땅에서 종 되었던 집에서 인도하여 낸 너희 하나님 여호와로라"는 선언의 배경 안에서 이해되어야 합니다.

아무리 하나님의 백성이라 할지라도, 모든 율법을 항상 지킨다는 것은 불가능한 일이기 때문에, 율법 행위에 속한 자들은 저주 아래 있는 자입니다. 또한 율법을 행하면 영생을 얻습니까? 아닙니다. 하나님의 백성이 된 자가 율법을 받아서 율법을 준행하고자 힘쓸 때 하나님이 시시때때로 주시는 생명을 받아서 사는 것을 인정하고 있는 것입니다. 그러므로 행위로는 안됩니다. 오직 믿음으로 아브라함의 자손이 되며, 아브라함의 복을 받아 누리는 것입니다.

3. 오직 믿음으로 성령의 약속을 받을 수 있습니다. / 세상에 속한 것이 아니라 하늘에 속한 신령한 복을 누리게 됩니다.

갈라디아서 3:14, "이는 그리스도 예수 안에서 아브라함의 복이 이방인에게 미치게 하고 또 우리로 하여금 믿음으로 말미암아 성령의 약속을 받게 하려 함이라"고 합니다. 오직 믿음으로 말미암아 성령의 약속을 받게 했습니다. 율법의 행위로는 안됩니다. 율법 행위에 속한 자들은 저주 아래 있는 자들입니다. 누구든지 모든 일을 항상 행하지 않는 자는 저주 아래 있는 자라고 했습니다(3:10). 그래서 율법은 믿음에서 난 것이 아니라고 했습니다. 이미 하나님의 자녀가 된 자들은 율법을 행하므로 그 가운데서 살게 됩니다(3:12). 3:11, "또 하나님 앞에서 아무도 율법으로 말미암아 의롭게 되지 못할 것이 분명하니……"라고 합니다. 그리고 이어서 "이는 의인은 믿음으로 살리라 하였음이라"고 했습니다. 하박국 2:4의 말씀을 인용하면서 누가 하나님의 심판 앞에서 의롭다는 판정을 받을 수 있는가? 의인은 믿음으로 말미암아 살리라고 합니다. 이렇게 구약성경은 율법을 행함으로써 의롭다 함을 받는 길을 지원하지 않고, 예수 그리스도를 믿음으로 의롭다는 선언을 받는 길을 지원하고 있다고 말씀하고 있습니다.

이제 바울은 한 단계 더 나아가서 유대주의자들의 행위 의의 주장에 결정적인 쐐기를 박고 있습니다. 갈라디아서 3:13, "그리스도께서 우리를 위하여 저주를 받은 바 되사 율법의 저주에서 우리를 속량하셨으니 기록된 바 나무에 달린 자마다 저주 아래에 있는 자라 하였음이라"고 합니다. 여기서 구약성경 신명기 21:23을 인용합니다. 사형에 해당하는 율법조항을 범한 자는 사형을 시행한 뒤에 죽으면 나무에 매달아서 공적인 증거로 삼았습니다.

여기서 바울은 유대주의자들이 도저히 받아들일 수 없는 진리를 선포합니다. 메시아가 바로 나무에 달려서 저주를 받았다는 것입니다. 메시아가 범죄자가 되어서 저주를 받는다는 생각은 유대주의자들에게 있어서는 결코 받아들일 수 없는 현실입니다. 오늘날까지도 유대교에서 결코 예수님을 메시아로 인정하지 않는 것은 예수님께서 십자가에 달려 저주를 받으셨다는 사실 때문입니다.

그런데 바울은 그리스도께서 십자가 위에서 저주를 받으셨기 때문에 우리의 죄가 속량되어졌다고 합니다. 그리스도께서 받으신 저주가 우리를 위한 속전의 역할을 했습니다. 예수 그리스도께서 친히 십자가에 달려 저주를 받으시므로 율법의 저주 아래 있는 우리를 속량하신 것은 아브라함의 복이 이방인들에게 미치게 만든 구속사적인 사건이었습니다.

그래서 3:14에서 "이는 그리스도 예수 안에서 아브라함의 복이 이방인에게 미치게 하고 또 우리로 하여금 믿음으로 말미암아 성령의 약속을 받게 하려 함이라"고 합니다. 예수 그리스도의 십자가 사건은 유대인과 이방인들을 율법의 저주에서 속량한 해방과 구속의 사건일 뿐만 아니라, 그들 사이에 존재하는 적대적인 담을 허물어 그들 모두를 그리스도 안에서 한 새사람으로 만

들고(엡 2:14), 이방인들도 아브라함의 복에 참여케 만든 용납과 화해의 사건입니다(갈 3:13).

또 믿음으로 말미암아 성령의 약속을 받습니다. 그러니까 여기 '성령의 약속'이란 장차 하나님께서 성령을 주실 것이라는 약속을 받았다는 말이 아니라, '약속되어진 성령'을 받았다는 말입니다. 만일 이것이 아브라함에게 주어진 약속의 내용이라면, 약속의 내용이 되는 복은 성령의 선물임이 분명합니다. 그러므로 아브라함의 언약과 관련된 복은 하나는 '믿음으로 의롭다 하심을 얻는 것'입니다(3:8). 그리고 또 다른 하나는 '믿음으로 약속된 성령의 선물을 받는 것'입니다(3:14). 이 두 가지 복은 본래 혈통적으로 제한된 것이 아니고, 믿음의 사람들에게 약속된 것들입니다.

따라서 갈라디아 교회 성도들이 성령을 받았을 때, 그것은 합법성이 없거나 결함이 있는 사건이 아니라, 하나님께서 아브라함과 맺은 약속의 성취를 경험한 것입니다(3:2,5).

따라서 예수 그리스도가 아브라함의 참 자손이기 때문에 믿음으로 그에게 속해 있는 자들은 하나님께서 아브라함에게 주셨던 복들을 합법적으로 받을 수 있습니다. 아브라함이 믿음으로 의롭다 하심과 복의 약속을 받은 것처럼, 그리스도 안에 있는 아브라함의 자손들도 마찬가지로 의롭다하심과 약속된 성령의 복을 받습니다.

3:11에 보면 "또 하나님 앞에서 아무도 율법으로 말미암아 의롭게 되지 못할 것이 분명하니 이는 의인이 믿음으로 살리라 하였음이니라"고 합니다. 그리고 3:12에 보면 "율법은 믿음에서 난 것이 아니라, 이를 행하는 자는 그 가운데서 살리라 하였느니라"고 말씀하고 있습니다. 이 두 말씀은 모두 "살리라"는 말로 끝마치고 있습니다. 하나는 '믿음으로 사는 것'이고, 또 다른 하나는 '율법을 행함으로 그 가운데서 사는 것'입니다. 분명, 이 두 가지는 이율배반적인 말씀입니다. 그런데, 하나님께서는 구약성경에서 이 두 가지의 말씀을 다 선포하셨습니다.

우리 인간들이 사는 방법, 영생을 얻을 뿐 아니라, 이 세상에서 살아가는 방식이 두 가지가 있습니다. 그것은 믿음으로 살든, 율법을 행함으로 살든, 이 둘 중 하나를 의지하면서 살게 된다는 말씀입니다. 그런데, 예수님을 믿고 의지하는 사람들은 '믿음'의 방식을 택하였고, 유대인들은 '율법의 행함'의 방식을 택했습니다. 그리고 이 둘 사이에 논쟁이 벌어졌으며, 또 하나는 '이 둘을 다 택하면 어떻겠느냐?'는 문제도 발생되었습니다. 즉, 갈라디아 교회 성도들은 믿음으로 시작하였는데, 이제는 율법을 행함의 방식으로 살겠다고 나섰던 것이 갈라디아 교회의 문제였습니다.

바울은 갈라디아서 3:3에서 "너희가 이같이 어리석으냐 성령으로 시작하였다가 이제는 육체로 마치겠느냐"고 했습니다. 율법 행위에 속한 자들은 저주 아래 있는 자들이었습니다. 또 하나님 앞에서 아무도 율법으로 말미암아 의롭게 되지 못할 것이 분명했습니다. 그래서 예수 그리스도께서 우리를 위하여 저주를 받은 바 되사 율법의 저주에서 우리를 속량하였습니다. 우리가 달려야 할 나무에 달려 저주를 받았습니다.

그러므로 이제는 더 이상 율법의 행위가 아닌, 오직 믿음으로 의롭게 될 수 있습니다. 오직 믿음으로 아브라함의 자손이 될 수 있습니다. 오직 믿음으로 아브라함의 복을 함께 누리게 됩니다. 오직 믿음으로 성령의 약속을 받습니다.

그러므로 우리는 어떻게 살아야 합니까? 오직 믿음으로 살아가는 성도들이 되어야 합니다. 그럼 믿음으로 산다는 것은 무엇입니까? 예수 그리스도를 나의 구주로 믿고 사는 것입니다. 또한 하나님께서 내 삶을 여전히 책임져 주시고, 살펴 주시고, 인도해 주신다는 믿음, 세상이 나를 속이고, 세상이 믿음을 속이는 것처럼 보일 때에도, 하나님은 여전히 살아 계셔서, 우리와 함께 하신다는 믿음으로 사는 것입니다.

모든 사람들의 삶의 방식은 이 두 가지로 구별할 수 있습니다. 하나는 행함으로 사는 방식이고, 또 다른 하나는 믿음으로 사는 방식입니다. 행함으로 사는 방식은 자신의 능력을 의지하여 사는 것이고, 믿음으로 사는 방식은 자신의 능력에 대한 믿음을 포기하고, 하나님의 은총만을 믿고 나아가는 것입니다.

우리는 이미 믿음으로 사는 삶을 선택한 사람들입니다. 어떠한 삶의 어려움과 위기와 슬픔과 고난 속에서도, 하나님은 여전히 우리를 지켜주시고 또 인도하여 주시고, 또 보호하여 주신다는 믿음을 가지고 삽니다. 폭력과 사기꾼과 거짓말쟁이들이 더 잘되고, 벌도 받지 않고, 신실하고 정직한 사람들은 당하기만 하고, 대가를 받지 못하는 것을 보며, 많은 사람들이 공의의 하나님이 어디계시냐고 할 때에도, 공의의 하나님을 살아계시며, 반드시 악한 자들을 심판하실 때가 있음을 믿음으로 사는 자들이 성도입니다. 뿐만이 아닙니다.

성도란 언제나 날 사랑하시는 주님이 붙들어 주실 것을 믿기에, '하나님의 온전하심과 같이 온전하라'는 이 불가능한 명령, '원수를 사랑하며, 핍박하는 자를 위하여 기도하고, 저주하는 자를 위하여 축복하라'는 불가능한 명령, '일흔 번에 일곱 번이라도 용서하고', '신의 성품에 참예하는 자가 되라'는 이런 불가능한 명령들에 대하여 복종하기 위하여, 나를 쳐 복종케 하는 경건의 삶에 도전하며 사는 자가 믿음으로 사는 사람입니다. 우리 모두 오직 믿음으로 살아가는 성도들이 되시길 바랍니다.

05
오직 영광 중심

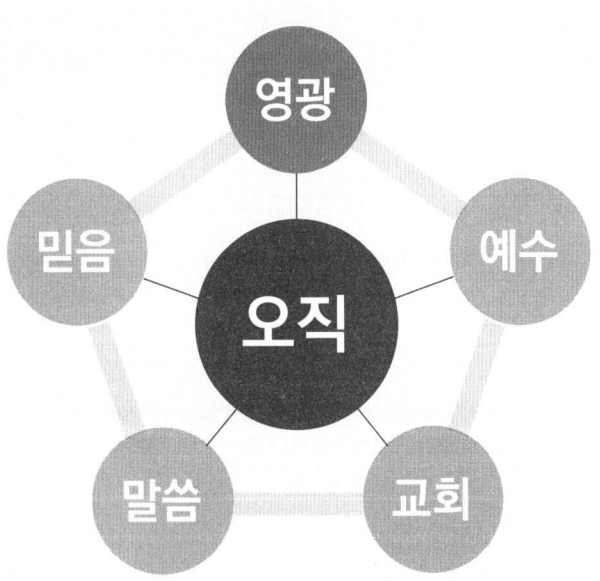

01 | 오직 영광 중심

성경 : 고린도전서 10 : 31 –33

    종교개혁자들이 신앙의 유산으로 물려준 말이 바로 오직이라고 했습니다. 오직이란 다른 길, 다른 대안이 없는, 오직 유일한 방법입니다. 그래서 오직이라는 신앙의 중심입니다. 이때 "오직"에 대한 오해가 있을 수 있습니다. 개혁주의 구호 가운데 "오직"이라는 말이 많이 들어갑니다. 대표적인 것으로 "오직 믿음", "오직 성경", "오직 그리스도", "오직 은혜", "오직 하나님께 영광". 이러한 "오직"은 개혁주의가 무엇인지를 상징적으로 보여주지만 그것이 잘못 이해될 때는 전혀 비개혁주의적인 신앙 양태를 가져오게 됩니다. 특히 "오직"은 듣는 사람에 따라서 매우 편협하다는 인상을 주기 때문에 분명한 뜻을 알고 사용하여야 합니다. 특히 우리는 이 "오직"이 어떠한 역사적 배경하에서 무엇을 반대하고 있는지를 알아야 합니다.

첫째로 오직 믿음입니다.

오직 믿음이라는 말이 잘못 이해되면 믿음만 있으면 되고 다른 것은 필요 없다는 식으로 이해될 수 있습니다. 종교개혁자들은 결코 이런식으로 말을 한 적이 없다는 것을 잘 알아야 합니다. 오직 믿음은 "믿음으로만 의롭게 됨(Justification by faith alone)"의 준말이라고 할 수 있습니다.

"오직 믿음"은 칭의와 관계된 말입니다. 칭의에 관한한 우리의 선행이나 행위는 아무런 의미가 없다는 뜻입니다. 그렇다고 우리의 선한 행위는 아무런 의미가 없는가? 전혀 그렇지 않습니다. 종교개혁자들은 우리의 선행이 매우 중요하다는 것을 잘 알고 있었습니다. 선행은 하나님의 영광을 나타내고, 하나님께 감사를 나타내는 중요한 방편이고, 이웃을 그리스도에게로 인도하게 됩니다. 종교개혁자들은 선행을 결코 부차적인 것으로 다루지 않았습니다. 다만 선행을 칭의와 연결시키지 않았을 뿐입니다. 많은 개신교인들이 믿음을 전부로 선행을 부차적으로 생각하는 것은 구원 받는 것을 가장 최고의 선으로 간주하기 때문입니다.

여기에 대해서 첫째, 구원 받는 것이 최고 선인가? 둘째, 칭의와 구원을 동일하게 볼 수 있는가라는 문제를 제기할 수 있습니다. 여기에 대해서 우리는 구원이란 무엇인가를 다시 살펴보아야 할 것입니다. 적어도 개혁자들은 믿음으로만 의롭게 된다고 말하였지 믿음으로만 구원받는다고 말하지는 않았습니다. "오직 믿음"에 대한 잘못된 이해는 다른 신앙 덕목들, 사랑과 소망과 같은 신학적 덕목들을 부차적인 것으로 만들 뿐 아니라 지혜와 같은 덕목들은 아예 교회에서 들어설 자리가 없게 만들었습니다. 성경을 보라. 우리의 믿음을 다룬 책도 많지만 잠언, 전도서, 아가서와 같은 책은 지혜를 얼마나 중요하게 생각하는가? 많은 목사들이 목회에 실패하는 것이 믿음이 적어서 실패하는가? 내가 보기에는 아닙니다. 많은 목사들이 지혜와 사랑이 없어서 목회에서 실패하고 있습니다. 오직 믿음은 단지 제한적인 의미에서 "오직 믿음"입니다.

둘째로 오직 성경입니다.

오직 성경 역시 잘못 이해되면, 성경책만 있으면 되고 다른 책은 필요없다는 식으로 이해될 수 있습니다. 실제로 많은 사람들이 그렇게 생각합니다. 오직 성경이란 우리의 믿음과 생활에 있어서 성경이 최종적인 기준이라는 뜻입니다. 이 말은 다른 책은 필요 없다는 말을 결코 함의하지 않습니다.

예를들면, 개혁자들이 킹제임스 성경을 내 놓았을 때, 그들은 소위 외경[위경과 구분할 것도 항상 같이 붙여서 출판하였습니다. 우리들은 외경에 대해서 별로 중요하게 생각하지 않지만 개혁가들은 그것들이 우리 신앙 생활에 상당히 도움을 준다고 보았습니다. 그들이 거부한 것은 그것들을 정경(최고의 권위)으로 간주하는 것이었습니다. 종교개혁가들이 카톨릭 신학자보다 초대교부들과 공의회 전통에 대해서 훨씬 해박하였다는 사실은 무엇을 의미하는가? 그들은 단지 성경만 읽은 것이 아니라 교회의 전통, 특히 교부들에 대한 상당한 지식을 가지고 있었습니다. 그들과 카톨릭이 차이가 있었던 것은 성경과 그것들을 동일한 권위로 인정하지 않았다는 것입니다.

오늘날 안타깝게도, 종교개혁 시대와는 정반대로, 개신교는 우리의 전통(진정으로 카톨릭한 전통)에 대해서 너무 무지하다는 것입니다. 이것은 아마도 오직 성경을 잘못 이해한 것에서 비롯된 것이 아닌가 생각합니다. 오직 성경은 "성경만 있으면 된다"라는 말이 아닙니다. 앞에서 말한 것이 오직 성경과 전통에 관한 것이라면 두 번째는 이성과 관계된 것입니다. 오직 성경은 "이성은 필요 없다"는 말을 의미하는 것이 아닙니다.

종교개혁가들이 반대한 것은 이성의 사용 자체가 아니라 잘못된 이성의 사용을 반대한 것입니다. 개혁가들은 여전히 아리스토텔레스의 철학을 사용하여 신학을 변증하였습니다. 개혁가들이 반대한 것은 성경이 이성에 의해서 판단을 받아야 한다는 생각이었지 이성의 사용 자체를 반대한 것이 아니었습니다. 이것은 특히 합리주의자였던 소시니언주의자들과 논쟁하면서 더욱 두드러진 특징으로 나타났습니다. "오직 성경"은 성경에 기록되어 있으니 "무조건 믿으라"는 말이 아닙니다. 삼위일체론이나 기독론에 사용된 용어들은 세상의 철학과 문화를 잘 받아들여서 교회에 정착시킨 개념들입니다.

셋째로 오직 그리스도입니다.

"오직 그리스도"라는 말 역시 잘못 이해될 때 지나치게 기독론 중심적인 신학과 신앙 양태가 교회 안에 두드러지게 됩니다. "예수만 잘 믿으면 된다"라는 사고 방식은 신자로 하여금 균형잡힌 신앙생활을 하는데 방해를 줍니다. 또한 신학을 할 때도 성령님의 사역에 대한 현저한 무시 현상이 나타날 수도 있습니다.

오직 그리스도는 "그리스도만이 하나님과 인간 사이에 유일한 중보자"라는 말입니다. 따라서 신부나 교황이 그리스도의 대리자가 될 수 없고, 마리아가 중보녀가 될 수 없다는 말입니다. 따라서 오직 그리스도를 "예수만 잘 믿으면 된다"는 식으로 이해하는 것은 개혁주의를 현저하게 오해하는 것입니다. 우리에게 예수만 필요한 것이 아니라 성령님도 필요하고 교회의 보살핌도 필요하고 피조물도 우리에게 필요합니다. 하지만 그 모든 것이 하나님과 우리 사이에 중보자가 될 수 없습니다. 왜냐하면 오직 그리스도만이 우리의 중보자이기 때문입니다.

이것과 관련하여 "만인 제사장설"을 들 수 있습니다. 많은 사람들이 이 내용을 오해하여 모든 성도가 다 평등하고 목사나 장로와 같은 직분자가 궁극적으로 필요없다고 생각합니다. 이것은 만인 제사장설을 잘못 이해하는 것입니다. 개혁자 어느누구도 직분의 필요성을 평가절하 한 적이 없습니다. 오히려 그들은 직분을 더욱 고귀하게 만든 장본인들입니다. 그들이 반대한 것은 성직자와 평신도를 나누는 성직주의였습니다. 그들은 성직자들이 그리스도와 평신도 사이의 중보자가 된다는 생각을 거부하고, 모두가 동일하게 하나님 앞에서 제사장으로 직접 기도할 수 있고 성경을 읽을 수 있다고 생각하였을 뿐입니다. 하지만 그렇기 때문에 직분자나 평신도의 구분 자체를 폐지한 것은 아니었습니다.

개혁가들은 만인 제사장설에 충실하면서도 말씀을 가르치는 목사를 제일 중요한 직분으로 생각하였습니다. 이것을 두고 개혁가들이 만인 제사장설에 충실하지 못하였다고 비판하면, 자기가 가지고 있는 엉뚱한 개념을 가지고 개혁가들을 비판하는 우를 범하게 된다는 것입니다. 많은 사람들이 이 "오직"이라는 단어를 너무 개혁주의자들이 의도한 것과는 전혀 상관없이 사용하는 모습을 많이 보게 됩니다. 이제는 그 원래의 의미를 살려야 할 때입니다.

이제까지 '오직' 우리가 가져야 할 신앙의 중심에 대해서 생각했습니다.

첫째, 오직 예수 중심이라고 했습니다. 오직 예수님만이 나의 구원자이시기 때문입니다. 오직 예수님만이 나의 만유의 주이시기 때문입니다. 오직 예수님만이 나의 심판자이시기 때문입니다.

둘째, 오직 교회 중심이라고 했습니다. 오직 교회만이 하나님의 백성이기 때문입니다. 오직 교회만이 그리스도의 몸이기 때문입니다. 오직 교회만이 성령의 전이기 때문입니다.

셋째, 오직 말씀 중심이라고 했습니다. 오직 말씀만이 하나님의 영감이기 때문입니다. 오직 말씀만이 하나님의 계시이기 때문입니다. 오직 말씀만이 하나님의 규범이기 때문입니다.

넷째, 오직 믿음 중심이라고 했습니다. 오직 믿음만이 의롭게 될 수 있기 때문입니다. 죄인이 의인이 될 수 있습니다. 또 오직 믿음만이 아브라함의 자손이 될 수 있기 때문입니다. 마귀의 자녀가 하나님의 자녀가 될 수 있습니다. 그리고 오직 믿음만이 성령의 약속을 받을 수 있기 때문입니다. 세상에 속한 복이 아니라, 하늘에 속한 신령한 복을 누리게 됩니다. 그래서 우리의 믿음의 내용은 삼위일체 하나님을 믿습니다. 또한 하나님의 말씀이 진리라는 것을 믿습니다. 그리고 예수님의 초림과 재림을 믿는 것입니다.

이제 마지막 다섯 번째로, 오직 영광 중심입니다.

조금 더 구체적으로 말하면 오직 하나님의 영광 중심입니다. 그런데 우리는 흔히 이 용어를 "오직 하나님께만 영광을"으로 이해합니다. 물론 이렇게 이해하는 것이 틀렸다고 볼 수는 없습니다. 하지만 엄밀하게 말하자면 위의 문장에서 라틴어 "글로리아"(gloria)라는 용어는 목적어가 아닌 주어입니다. 즉 "영광을"이 아니라 "영광이"라는 뜻입니다. '솔리 데오 글로리아'는 기원문으로 다음과 같은 의미입니다. "오직 하나님께만 영광이 [있기를]!", "오직 하나님께만 영광을"이라 번역하면 그 주체는 우리 인간이 되지만, "오직 하나님께만 영광이"라고 번역하면 그 주체는 하나님이 됩니다. 즉 전자로 이해하면 하나님의 영광은 신자 개개인의 자세와 행동에 달려 있고, 후자로 번역하면 그것은 하나님 자신에게 달려 있는 것입니다. 신자의 삶이 하나님께 영광을 돌리는 것이어야 한다는 점에서는 다르지 않지만 그 주체가 누구인가 하는 문제는 굉장히 중요합니다. 사실 여기서 오늘날 한국교회가 개혁주의를 어느 정도로 이해하고 또 어떻게 오해하고 있는지 알 수 있습니다.

1. 영광의 주체가 누구인가?

종교개혁자들도 오직 믿음, 오직 은혜, 오직 성경, 오직 하나님의 영광을 위하여라는 표어를 가지고 종교개혁을 일으켰습니다. 이것 역시도 사람에게, 로마 황제에게 영광이 돌아가는 것을 철저히 반대하면서 오직 하나님의 영광을 외쳤습니다. 그래서 우리 장로교가 교리 표준으로 삼고 있는 웨스트민스터 대교리 문답과 소교리 문답의 제 1문은 동일하게 사람의 첫째 되고 가장 고귀한 목적은 무엇 입니까?라고 질문합니다. 그 질문에 대한 대답은 사람의 첫째 되고 가장 고귀한 목적은 하나님을 영화롭게 하고, 그분을 영원토록 온전히 즐거워하는 것이라고 합니다. 우리의 인생 자체가 다 하나님의 영광을 위하여 살아가야 한다는 것입니다.

그래서 갈라디아서 10:31에서 "그런즉 너희가 먹든지 마시든지 무엇을 하든지 다 하나님의 영광을 위하여 하라"고 합니다. 지금까지 사도 바울은 타인의 양심을 위해 성도들의 자유를 절제해야 한다는 측면에서 우상 제물 취식 문제에 대해서 부정적인 단어를 사용하여 언급했습니다.

그러나 사도 바울은 매우 긍정적인 어투로 전환하여 말씀하고 있습니다. 그것은 바로 성도들이 음식을 먹는 문제뿐만 아니라, 그가 처한 삶의 전 영역에서 하나님께 영광을 돌려야 할 책임이 주어져 있다는 것입니다(골 3:17). 말하자면 오직 하나님께만 돌려야 할 영광을 우상에게 돌린다면 그것은 하나님의 영광을 위해 사는 것이 아닙니다. 사람들로부터 비방을 듣거나 동료 성도들을 믿음에서 실족케 하는 것이 역시 하나님의 영광을 위해 사는 태도가 아닙니다.

그러나 무슨 일을 하든지 성도들의 자유가 하나님의 영광이라는 올바른 목표를 향해 나아간다면 그 자유는 교회의 덕을 세우는 참된 자유가 될 수 있습니다(10:23). 그러므로 '하나님의 영광을 위하여 하라'는 사도 바울의 말씀 속에서 '공동체의 유익'을 적극적으로 고려하라는 애정 어린 충고가 포함되어 있다고 볼 수 있습니다. 그러니 무슨 일이든 하나님의 영광을 위하여 한다는 것은 지상의 모든 성도들의 사고와 행동을 규정짓는 최고의 절대적 기준입니다(벧전 4:11)

이렇게 사도 바울은 한마디로 하나님의 영광에 미친 사람이었습니다. 자기 삶의 의미와 가치의 전부를 하나님의 영광을 위하여 사는데 두었습니다. 이러한 사실은 사도 바울이 기록한 여러 성경을 통해 알 수 있습니다. "우리가 살아도 주를 위하여 살고 죽어도 주를 위하여 죽나니 그러므로 사나 죽으나 우리가 주의 것이로다"(롬14:8), "그런즉 너희 몸으로 하나님께 영광을 돌리라"(고전6:20), "살든지 죽든지 내 몸에서 그리스도가 존귀히 되게 하려 하나니 이는 내게 사는 것이 그리스도니 죽는 것도 유익함이니라"(빌1:20-21)고 했습니다.

이렇게 사도 바울은 가장 가치 있는 높은 차원의 삶을 살았습니다. 하나님을 높이고 예수님을 자랑하며, 하나님께 영광을 돌리면서 살았습니다. 하나님께 영광을 돌리며 산다는 것은 하나님을 너무 좋아하면서 무슨 일을 하든지 하나님 생각에 사로 잡혀서 사는 것입니다. 어떻게 하면 하나님을 기쁘시게 할 수 있을까?, 어떻게 하면 하나님의 이름을 높일 수가 있을까?, 어떻게 하면 하나님의 뜻을 이룰 수가 있을까? 늘 하나님을 생각하면서 하나님을 좋아하면서 사는 것입니다.

2. 영광을 위해 살아야 할 이유가 무엇일까?

그럼 왜 우리가 하나님의 영광을 위해서 살아야 합니까?

첫째, 하나님이 창조주이시기 때문입니다. 하나님이 우리를 지으셨기 때문에 우리는 그의 피조물입니다. 그래서 이사야 43:10에서 "이 백성은 내가 나를 위하여 지었나니 나의 찬송을 부르게 하려 함이니라"고 했습니다. 피조물인 우리 인간은 당연히 창조주 되신 하나님의 영광을 위해서 살아야 합니다.

둘째, 하나님이 통치자이시기 때문입니다. 하나님이 우리의 왕이시며, 우리는 그의 백성입니다. 레위기 26:12에서 "나는 너희 중에 행하여 너희의 하나님이 되고 너희는 내 백성이 될 것이니라"고 했습니다. 예레미야 7:23에서 "...나는 너희 하나님이 되겠고 너희는 내 백성이 되리라..."고 했습니다. 예레미야 11:4에서 "...그리하면 너희는 내 백성이 되겠고 나는 너희의 하나님이 되리라"고 했습니다. 우리는 하나님의 백성이기에 당연히 왕이신 하나님을 섬겨야 하고, 하나님의 영광을 위해서 살아야 합니다.

셋째, 하나님이 인도자이시기 때문입니다. 하나님이 우리의 목자입니다. 그래서 다윗은 시편 23:1에서 "여호와는 나의 목자시니 내게 부족함이 없으리로다"라고 했습니다. 시편 28:9에서 "주의 백성을 구원하시며 주의 산업에 복을 주시고 또 그들의 목자가 되시어 영원토록 그들을 인도하소서"라고 합니다. 시편 100:3에서 "여호와가 우리 하나님이신 줄 너희는 알지어다 그는 우리를 지으신 이요 우리는 그의 것이니 그의 백성이요 그의 기르시는 양이로다"라고 했습니다.

하나님이 우리의 목자라는 말씀은 우리는 그의 양들이라는 사실입니다. 양은 목자를 따라가야 하지만, 또한 목자는 양을 책임지고 인도해야 합니다. 그러므로 우리를 인도하시는 목자의 영광을 위해서 살아야 합니다.

욥기 1:21 하반절에 '주신 이도 여호와시요 거두신 이도 여호와시오니 여호와의 이름이 찬송을 받으실지니이다'라는 고백을

한 것은 모든 것을 잃은 비참한 상태에서 하나님께 영광을 돌려드린 것입니다. 그러므로 우리는 우리가 잘 될 때만이 아닌, 우리가 힘들고 어렵고 실패했을 때도 하나님께 영광이 되도록 삶을 살아야 합니다. 모세는 하나님의 영광을 시내 산 위에서 직접 대면했습니다. 그 영광의 빛이 모세의 얼굴에 한동안 빛났습니다. 모세가 하나님의 뒷모습만 조금 보았을 뿐인데 말입니다.

신약 시대에는 하나님의 영광 자체이신 하나님의 아들 예수님께서 이 땅에 친히 오셔서 영광을 충만케 하셨습니다. "말씀이 육신이 되어 우리 가운데 거하시매, 우리가 그의 영광을 보니 아버지의 독생자의 영광이요, 은혜와 진리가 충만하더라."(요 1:14) 나중에 사도 요한도 영광 가운데 계신 그리스도를 봅니다. "죽임을 당하신 어린 양은 부와 지혜와 힘과 존귀와 영광과 찬송을 받으시기에 합당하도다."(계 5:12)

모든 영광은 하나님으로부터 와서 하나님께로 돌아갑니다. 이 말은 인간은 스스로 영광스러울 수도 없고 스스로 영광을 만들어 낼 수도 없다는 말입니다. 영광은 하나님께 속한 것이고 그분으로부터만 나옵니다. 그렇기 때문에 내가 영광스러운 존재가 아니라도 낙심할 필요가 없습니다. 나는 영광스러운 삶과 상관없다고 말해서도 안 됩니다. 나는 영광이 될 수도 없고 되고 싶지도 않다고 말해서는 안 됩니다. 우리는 원래 영광이 없고 영광스러울 수 없기 때문에 영광의 주님이신 예수 그리스도가 다만 필요할 뿐입니다. 그리고 예수 그리스도 이후에 하나님께 영광 돌려 드릴 수 있는 방법들을 알게 되었습니다.

3. 영광을 하나님께 돌리는 방법이 무엇일까?

그럼 어떻게 하나님께 영광이 돌아가는 삶을 살 수 있습니까?

첫째, 성도는 믿음으로 하나님께 영광을 돌릴 수 있습니다. "……믿음으로 견고하여져서 하나님께 영광을 돌리며"(롬 4:20)라고 합니다. "그런즉 그로 말미암아 우리가 아멘 하여 하나님께 영광을 돌리게 되느니라."(고후 1:20)라고 합니다.

둘째, 성도는 예배와 찬송을 통해 하나님께 영광을 돌릴 수 있습니다. 천사들은 예수님의 탄생에 찬송으로 영광을 돌렸습니다. "지극히 높은 곳에서는 하나님께 영광이요"(눅 2:14), 요한계시록에 나타난 이십사 장로들과 천사들의 찬송이 나옵니다. "할렐루야! 구원과 영광과 능력이 우리 하나님께 있도다"(계 19:1; 5:9-12, 7:12, 15:3-4, 19:1-6). 성경은 시편(시 29:1-2, 86:9, 103:20-21, 138:4-5), 선지서들(사 24:14-16, 42:12, 66:19), 복음서(눅 19:37-38), 그리고 서신서들(빌 2:10-11; 롬 11:33-36, 15:6;

고후 4:15; 히 13:21; 벧후 3:18; 유 1:24-25)에서 예배 가운데 하나님께 영광을 돌릴 수 있음을 말씀하십니다.

셋째, 성도는 모든 일을 통해 하나님께 영광 돌릴 수 있습니다. 대표적인 구절이 "그런즉 너희가 먹든지 마시든지 무엇을 하든지 다 하나님의 영광을 위하여 하라."(고전 10:31)입니다. "각각 은사를 받은 대로 하나님의 여러 가지 은혜를 맡은 선한 청지기 같이 서로 봉사하라. 만일 누가 말하려면 하나님의 말씀을 하는 것 같이 하고, 누가 봉사하려면 하나님이 공급하시는 힘으로 하는 것 같이 하라. 이는 범사에 예수 그리스도로 말미암아 하나님이 영광을 받으시게 하려 함이니, 그에게 영광과 권능이 세세에 무궁하도록 있느니라. 아멘."(벧전 4:10-11) "이는 우리가 그리스도 안에서 전부터 바라던 그의 영광의 찬송이 되게 하려 하심이라."(엡 1:12절)

우리는 하나님을 영화롭게 하는 하나님의 영광입니다. 보잘것 없고 가치 없어 보이는 질그릇 같은 존재라도 주님께서 우리 속의 보배, 보물이 되어주시겠다고 약속하셨습니다. 누구든지 그리스도와 합하여 세례를 받은 자는 그리스도로 옷을 입었기 때문에 영광스럽습니다. 구원받아 하나님의 자녀, 하나님 나라의 시민이 되었다면 그 자체로 영광스러운 것입니다. 뿐만 아니라 예수님께서 고난에 참여함으로 영광을 얻은 것처럼 우리도 고난에 동참함으로 영광스러울 수 있습니다. 하늘에 있는 악한 영들과 영적 싸움을 승리함으로 영광을 올려 드릴 수 있습니다.(엡 6:10-20). 우리를 승리하게 하실 하나님께 영광을 올려 드립시다.

이제 우리 다같이 오직 하나님께만 영광을 돌립시다. 우리가 영광 받으려고 했던 것과, 하나님의 영광을 가로챈 것을 회개하면서, 오직 하나님께만 영광을 돌립시다. 이것이 우리 삶의 첫째 되는 목적이기 때문입니다.

그렇다면 어떻게 사는 것이 구체적으로 하나님의 영광을 위하여 사는 것입니까? 말씀을 통해서 크게 세 가지로 살펴보고자 합니다.

첫째로 오직 영광을 위해 거치는 자가 되지 말아야 합니다.
- 소극적인 삶입니다.

고린도전서 10:32, "유대인에게나 헬라인에게나 하나님의 교회에나 거치는 자가 되지 말고"라고 했습니다. '거치는 자'는 거침돌이 되어 다른 사람을 넘어지게 하는 자를 의미합니다. 하나님의 영광을 위해 사는 성도들은 타인이 자신으로 인해 실족하여 넘어지지 않도록 배려해야 합니다. 여기에 복수형을 사용하는 것은 아마 그 당시 고린도 교회에 자신의 자유를 남용하여 이와 같이 사람들로 하여금 걸려 넘어지게 하는 경우가 많았음을 암시하고 있습니다.

10:32는 10:31의 '하나님의 영광을 위하여 하라'는 말씀의 최종적인 결론입니다. 즉 성도들의 자유 사용에 대한 마지막 결론입니다. 그러니까 고린도 교인들은 이러한 자유에 대해서 다소 오해를 하고 있었습니다. 그들은 우상제물도 감사함으로 먹으면 문제될 것이 없다고 자유를 잘못 사용했던 것입니다. 여기에 대해 사도바울은 믿음이 강한 자가 감사함으로 먹은 우상제물이라도 믿음이 약한 자들에게 우상숭배자로 보이게 하고 비방을 받게 된다면 우상제물을 먹지 말라는 것입니다. 혹시 약한 자들을 시험에 들게 하는 것은 거치는 자, 하나님의 영광을 가리우는 자라는 것입니다.

따라서 바울은 성도들이 자유를 사용할 때 무엇을 하든지 다 하나님의 영광을 구한다는 목표 아래 행동하라고 권면하고 있습니다. 그래서 하나님의 영광을 목표로 하는 삶이라면 다른 사람의 양심을 결코 상하게 하지 않을 것이라는 것입니다.

그런데 사도 바울은 '유대인과 헬라인, 그리고 하나님의 교회'라는 세 가지 범주를 제시하고 있습니다. 왜 바울은 이 세 가지 범주를 사용하고 있습니까? 그것은 오직 하나님의 영광을 위해 사는 성숙한 성도라면 자기 자신뿐 아니라, 모든 부류의 사람들을 염두에 두어야 함을 말하기 위해서라고 볼 수 있습니다. 사실 사도 바울도 복음을 보다 효과적으로 전하기 위하여 유대인에게는 유대인과 같이 되고, 이방인에게는 이방인과 같이 되었다고 합니다(고전 9:20-22). 그러니까 한마디로, 유대인과 헬라인, 하나님의 교회라는 말씀은 모든 사람을 의미합니다. 교회에 속한 사람이나 세상에 속한 사람 모두에게 거치는 자가 되지 말라는 것입니다.

좀 더 구체적으로 한번 살펴 봅시다. 첫째, 유대인에게 거치는 자가 되지 말아야 합니다. 유대인은 율법주의자들입니다. 율법주의자들에게 거치지 않게 살아가려면 율법에 흠이 없어야 합니다. 그러면 우리가 율법으로 구원을 얻는가? 아닙니다. 구원은 은혜로 받습니다. 은혜로 구원을 받은 자는 기쁨과 감격으로 그의 말씀을 지키게 됩니다. 율법을 지켜서 구원을 얻으려는 삶과 구원받은 자가 감사함으로 율법을 지키는 것은 완전히 다릅니다. 당신이 유대인에게 거치는 자가 되어서 복음을 욕되게 해서는 안됩니다.

둘째, 헬라인에게 거치는 자가 되지 말아야 합니다. 헬라인은 지혜자들입니다. 지혜자에게 무시를 당할 필요가 없습니다. 우리가 지혜로 구원받는 것이 아닙니다. 그렇다고 지혜를 무시할 필요는 없습니다. 우리가 특별하신 하나님의 은혜로 구원을 받았습니다. 구원받은 백성이 하나님의 일을 할 때, 지혜롭게 하면 하나님께 영광이 됩니다. 간혹 믿음의 사람들이 세상의 지혜자들에게 무시를 당하는 경우가 많이 있습니다. 하나님은 우리에게 주신 일반적인 은총을 무시하지 않았습니다. 주님도 제자들을 전도하려 보내면서 말씀하시기를 "보라 내가 너희를 보냄이 양을 이리 가운데 보냄과 같도다 그러므로 너희는 뱀 같이 지혜롭고 비둘기 같이 순결하라"(마태복음 10:16)고 했습니다.

셋째, 하나님의 교회에 거치는 자가 되지 말아야 합니다. 하나님의 교회가 성장하는데 걸림돌이 되지 맙시다. 영적인 진로를 방해하는 장애물이 되지 맙시다. 이 땅 위에서 가장 불행한 자는 주님의 교회에 거치는 인생입니다. 유대인이든 헬라인이든 다 하나님의 교회를 세울 자들입니다. 하나님의 교회에 거치는 자는 아무 곳에도 쓸모가 없는 인생입니다. 하나님은 지금 이 시간도 당신을 부르고 계십니다(마태복음 11:28).

둘째로 오직 영광을 위해 모든 사람을 기쁘게 하는 자가 되어야 합니다. - 적극적인 삶입니다.

고린도전서 10:33, "나와 같이 모든 일에 모든 사람을 기쁘게 하여……"라고 합니다. 사도 바울은 10:32을 통해 유대인에게나 헬라인에게나 그리고 하나님의 교회에게나 거치는 자가 되지 말라는 소극적인 충고를 한데 반해 10:33에서는 모든 일에 있어 모든 사람을 기쁘게 하라고 적극적인 충고를 하고 있습니다.

그런데 사도 바울은 갈라디아서 1:10에서 "이제 내가 사람들에게 좋게 하랴 하나님께 좋게 하랴 사람들에게 기쁨을 구하랴 내가 지금까지 사람들의 기쁨을 구하였다면 그리스도의 종이 아니니라"고 했습니다. 또 데살로니가전서 2:4에서 "오직 하나님께 옳게 여기심을 입어 복음을 위탁 받았으니 우리가 이와 같이 말함은 사람을 기쁘게 하려 함이 아니요 오직 우리 마음을 감찰하시는 하나님을 기쁘시게 하려 함이라"고 했습니다. 지금까지 사도 바울은 수차례에 걸쳐서 사람을 기쁘게 하는 것은 권할 만한 덕이 아니라고 강력하게 말씀했습니다. 오로지 하나님을 기쁘시게 하라고 했습니다. 그런데 오늘 본문에는 모든 일에 모든 사람을 기쁘게 하라고 합니다.

이것은 바울의 신앙사상에 있어 일관성의 결여를 보여주는 것으로 보일 수 있습니다. 그러나 그렇지 않습니다. 갈라디아서 1:10이나 데살로니가 전서 2:4이나 인간적인 환심을 사려는 복음 선포자들에 대하여 비난하는 의미로 사용하면 반면에, 오늘 본문에 연약한 사람들을 믿음 가운데로 이끌기 위해 그들의 상황을 고려하라는 의미로 사용되고 있기 때문입니다. 말하자면 사람들을 기쁘게 함으로써 그들을 믿음 가운데 이끈다면 그것만큼 선한 일은 세상에 없다는 것입니다.

따라서 모든 사람을 기쁘게 하는 것은 결국 하나님의 영광을 위하여 적극적으로 해야 할 일입니다. 소극적으로 거침돌이 되어서는 안 되며, 적극적으로 무엇을 하든지 모든 사람을 기쁘게 하는 것이 하나님의 영광을 위한 것이 되는 것입니다. 그래서 오늘 본문에 "자신의 유익이 아니라 많은 사람의 유익을 구하여"라고 합니다. 영어로 'not.....but'입니다. 헬라어로 '메......알라'(mh;...... ajlla;)입니다. 이 세상 대부분의 사람들은 자기의 유익을 구하지만, 너희만은 많은 사람의 유익을 구하라고 촉구하고 있습니다. 이것은 이미 10:23-24에서 "모든 것이 가하나 모든 것이 유익한 것은 아니요 모든 것이 가하나 모든 것이 덕을 세우는 것은 아니니 누구든지 자기의 유익을 구하지 말고 남의 유익을 구하라"고 했습니다.

따라서 하나님께서 우리에게 주신 참자유는 나 혼자만의 것이 되어서는 안 됩니다. 진정한 자유는 다른 사람과의 관계 속에서 나타날 때 누릴 수 있는 기쁨입니다. 개인의 유익보다는 공동체의 유익을 위하는 일로 우리에게 주신 자유가 확산될 때 그 기쁨은 더해질 것입니다. 공동체를 위할 때 그 안에는 자기 자신을 위한 유익도 이미 포함되어 있기 때문입니다.

예수님께서 십자가를 지심으로 우리에게 주신 자유는 자기만을 위한 것이 아니라 자기가 속한 공동체 전체를 위한 것입니다. 그래서 그 자유를 주위의 모든 사람들과 함께 나누며 공유할 때 그 진가가 발휘합니다. 자기만의 유익을 구하는 자는 개인주의

자입니다. 나아가서 자기가 속한 공동체의 유익을 구하는 자는 집단 이기주의자입니다. 그러므로 우리의 그리스도 안에서의 자유도 나의 유익보다도, 우리의 유익, 전체의 유익을 먼저 생각하고 자유를 사용하여 모든 사람을 기쁘게 해야 합니다. 절대로 나의 유익을 구하지 말아야 합니다.

셋째로 오직 영광을 위해 많은 사람이 구원을 얻게 하는 것입니다. - 궁극적인 삶입니다.

고린도전서 10:33, "나와 같이 모든 일에 모든 사람을 기쁘게 하여 자신의 유익을 구하지 아니하고 많은 사람의 유익을 구하여 그들로 구원을 받게 하라"고 합니다. 사도 바울은 '나와 같이'라고 하면서 자신의 삶이 바로 모든 사람을 기쁘게 하고 많은 사람의 유익을 구하는 삶이라고 합니다. 특별히 11:1에서 "내가 그리스도를 본받는 자가 된 것 같이 너희는 나를 본받는 자가 되라"고 합니다(롬 15:5).

이렇게 하는 모든 행동 방침은 궁극적으로 "그들로 구원을 받게 하라"입니다. 고린도전서 9:22의 말씀처럼 "약한 자들에게 내가 약한 자와 같이 된 것은 약한 자들을 얻고자 함이요 내가 여러 사람에게 여러 모습이 된 것은 아무쪼록 몇 사람이라도 구원하고자 함이니"라고 합니다. 인간이 추구할 수 있는 유익의 극치가 바로 사람들을 구원하는 일입니다. 성도가 구제와 봉사와 같은 선행에 힘써 사람들을 기쁘게 하고, 유익을 구해야 하지만 더욱 힘써야 할 일은 바로 많은 사람들을 구원으로 인도하는 일입니다. 따라서 궁극적으로 구원을 얻게 하여 하나님의 자녀가 되게 하는 것이 하나님의 영광을 위한 것입니다.

그러니까 거치는 자가 되지 않는 목적, 모두에게 기쁨을 주는 목적은 궁극적으로 영혼 구원, 전도를 목표로 하는 것입니다. 그러므로 모든 사람을 기쁘게 하고 가장 큰 유익이 되는 일이 무엇입니까? 하나님께 가장 큰 영광을 돌리는 것이 무엇입니까? 전도입니다. 선교입니다. 따라서 성도는 하나님에 대한 확고한 신앙의 지조가 있어야 하고 이웃에 대해 바다와 같은 포용력이 있어야 합니다. 그래야 전도자의 사명을 능히 감당하여 하나님께 영광을 돌리는 삶을 살 수 있습니다. 예수님께서 흘린 보혈의 공로는 모든 인류를 위한 것입니다. 그러므로 그리스도로 인한 자유는 많은 사람과 구체적으로 나눌 때 능력이 나타납니다. 그것이 궁극적으로 많은 사람을 구원 얻게 합니다. 그것이 창조주 하나님을 기쁘시게 하고 그분께 큰 영광을 돌리는 일이 됩니다.

고린도전서 10:31, "그런즉 너희가 먹든지 마시든지 무엇을 하든지 다 하나님의 영광을 위하여 하라"고 합니다. 이 말씀은 기독교인의 삶의 총체적인 목적입니다. "하나님의 영광"을 위하여 사는 것에 대하여 기독교인으로서 여기에 거부할 자가 없습니다. 개혁주의 교회가 성경과 일치하는 두 가지 교리문서가 있는데 그것이 "웨스트민스트 신앙고백서와 대소요리문답"입니다. 대소요리문답 제일문에 "사람의 첫째 되는 목적이 무엇입니까?", "사람의 첫째 되는 목적은 하나님을 영화롭게 하는 것과 영원히 그를 즐거워하는 것입니다"고 했습니다.

그러면 바울이 말씀한 내용을 우리의 삶의 현실에서 구체적으로 적용해 봅시다.

첫째, 먹는 일에 하나님의 영광이 나타나야 합니다. 인생은 먹어야 삽니다. 삶의 행위는 조금씩 달라도 먹는 것은 다 같습니다. 어떤 분은 농사를 지어서, 어떤 분은 공장이나 회사에서, 어떤 분은 특수한 분야에서 일하며 생계를 꾸려갑니다. 이처럼 우리가 먹고 살기 위해서 무슨 직종에서든지 일할 수 있습니다. 그러나 그 일을 할 때에는 하나님의 영광이라는 목표에 초점을 맞추어야 합니다.

둘째, 마시는 일에도 하나님의 영광이 나타나야 합니다. 사실 마시는 일은 먹고 난 후에 이차적으로 일어나는 행위입니다. 이전에 주린 배를 양대로 채우지 못했던 시절에는 디저트라는 말을 몰랐습니다. 그러나 일용할 것에 여유가 생김으로 자연스럽게 식후에 마시는 차를 찾는 문화가 생겨났습니다. 의식주 문제가 해결되지 않은 상태에서는 생각할 수도 없는 것입니다. 크리스천도 생을 즐길 수 있습니다. 그러나 그것이 단순한 오락이나 쾌락으로 끝나는 것이 아니라 하나님의 영광을 드러내는 것이어야 합니다.

셋째, 무슨 일을 하든지 하나님의 영광이 나타나야 합니다. 길한 일을 만나든지 흉한 일을 당하든지 범사에 하나님을 영화롭게 해야 합니다. 솔로몬은 이르기를 "너는 범사에 그를 인정하라 그리하면 네 길을 지도하시리라"(잠 3:6)고 했습니다. 시편에서 "복있는 사람은 악인의 꾀를 좇지 아니하며 죄인의 길에 서지 아니하며 오만한 자의 자리에 앉지 아니하고 오직 여호와의 율법을 즐거워하여 그 율법을 주야로 묵상하는 자로다"(시 1:1-2)라고 했습니다.

그래서 바울은 이러한 하나님의 영광을 위해서 살기 위해서 로마서 8:17-18에서 "자녀이면 또한 상속자 곧 하나님의 상속자요 그리스도와 함께한 상속자니 우리가 그와 함께 영광을 받기 위하여 고난도 함께 받아야 할 것이니라 생각하건대 현재의 고난은 장차 우리에게 나타날 영광과 비교할 수 없도다"라고 했습니다. 그와 함께 영광을 받기 위하여 고난도 기꺼이 함께 받겠다는 것입니다. 왜냐하면 현재의 고난은 장차 우리에게 나타날 영광과 비교할 수 없기 때문입니다.

예수님의 삶의 전체가 바로 고난을 통한 영광이었습니다. 예수님이 탄생하셨을 때는 누가복음 2:14에서 "지극히 높은 곳에서는 하나님께 영광이요 땅에서는 하나님이 기뻐하신 사람들 중에 평화로다 하니라"고 했습니다. 요한복음 1:14에서 "말씀이 육신이 되어 우리 가운데 거하시매 우리가 그의 영광을 보니 아버지의 독생자의 영광이요 은혜와 진리가 충만하더라"고 했습니다. 예수님께서 요한복음 8:54 "예수께서 대답하시되 내가 내게 영광을 돌리면 내 영광이 아무 것도 아니거니와 내게 영광을 돌리시는 이는 내 아버지시니 곧 너희가 너희 하나님이라 칭하는 그이시라"고 했습니다. 예수님께서 죽은 나사로를 살리면서도 "예수께서 들으시고 이르시되 이 병은 죽을 병이 아니라 하나님의 영광을 위함이요 하나님의 아들이 이로 말미암아 영광을 받게 하려 함이라 하시더라"고 했습니다(참고 요 9:3).

예수님은 하나님의 영광을 위해서 사셨고, 하나님의 영광을 나타내면서 사셨습니다. 예수님이 다시 재림하실 때는 누가복음 21:27에서 "그 때에 사람들이 인자가 구름을 타고 능력과 큰 영광으로 오는 것을 보리라"고 했습니다. 예수님은 산상수훈에서 너희는 세상의 소금이며 빛이라고 하시면서 마태복음 5:16에서 "이같이 너희 빛이 사람 앞에 비치게 하여 그들로 너희 착한 행실을 보고 하늘에 계신 너희 아버지께 영광을 돌리게 하라"고 했습니다. 주기도문을 가르치면서도 마태복음 6:13에서 "우리를 시험에 들게 하지 마옵시고 다만 악에서 구하시옵소서 나라와 권세와 영광이 아버지께 영원히 있사옵나이다 아멘"이라고 가르쳐주셨습니다.

사도 바울도 고린도후서 1:20에서 "하나님의 약속은 얼마든지 그리스도 안에서 예가 되니 그런즉 그로 말미암아 우리가 아멘 하여 하나님께 영광을 돌리게 되느니라"고 했습니다. 문안인사와 마무리 인사를 할 때마다 하나님께 존귀와 영광을 돌린다고 했습니다. 이 부분에서는 더 이상 말하지 않겠습니다.

앤더슨은 노래로 하나님께 영광을 돌렸습니다. 미국의 유명한 흑인가수 앤더슨(Marian Anderson 1902-1973)은 노래를 잘 부르는 사람이었습니다. 그는 23개국으로부터 명예학위를 받았으며, 아이젠하워 케네디 대통령 취임 시에 미국 국가를 독창했으며, 1958년에 아이젠하워 대통령이 유엔대표로 지명했습니다. 1963년 존슨 대통령으로부터 최고훈장인 대통령 자유상패를 받았습니다. 그가 40년간 성악생활을 하고 은퇴할 때에 한 말이 "나는 보잘 것 없는 노예밖에 될 수 없는 인간이지만 하나님께서 아름다운 목소리를 주셨으므로 유명해진 것이지 내가 한 것은 아닙니다. 그러므로 하나님께 찬양과 영광을 돌립니다"고 했습니다.

그렇다면 오직 예수로 구원받은 우리는 어떻게 살아야 합니까? 오직 하나님의 영광을 위해서 살아야 합니다. 그러기 위해서 오늘 사도 바울은 고린도 교회를 향해서 첫째, 거치는 자가 되지 말라고 합니다. 소극적인 삶을 말씀하고 있습니다. 둘째, 모든 사람을 기쁘게 하라고 합니다. 적극적인 삶을 말씀하고 있습니다. 셋째, 영혼을 구원하라고 합니다. 궁극적인 삶을 말씀하고 있습니다. 이렇게 우리의 일생이 다 하나님의 영광을 위하여, 거치는 자가 되지 말고, 많은 사람의 유익을 위하여, 영혼을 구원하는 일에 최선을 다하여 하나님께 영광 돌리는 인생이 되어야 합니다. 그래서 "오직 하나님께만 영광이 있기를!" 오직 하나님만이 영광을 받으시기를! 오직 하나님의 영광만을 위해 사는 삶, 이것이 진정한 그리스도인의 삶입니다.

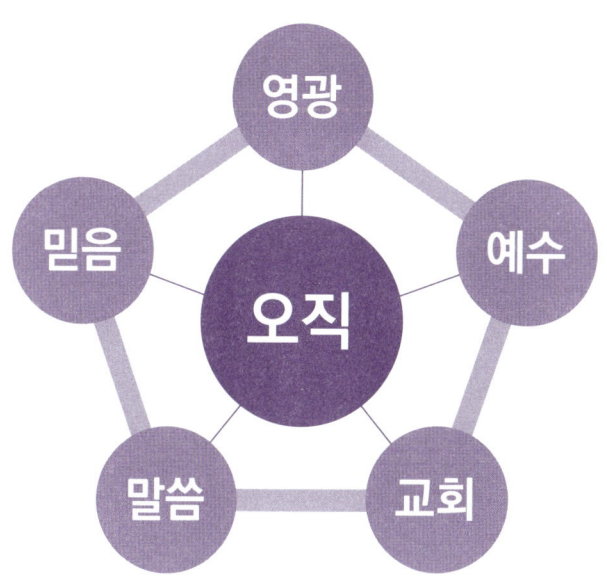

교·회·소·개

새 시민교회로 당신을 초대합니다.

새 시민교회는 만물의 으뜸 되신 예수 그리스도 위에 세워져 삼위일체 하나님을 바로 알고 온전히 섬기는 예배 중심의 교회입니다.

새 시민교회는 성경의 정확 무오한 말씀을 믿으며, 하나님의 말씀을 실천하여 순종하기를 힘쓰는 믿음 중심의 교회입니다.

새 시민교회는 개혁주의 신학과 신앙을 강조하며, 생활의 순결을 앞세우며, 세상의 빛과 소금이 되기를 열망하는 선교 중심의 교회입니다.

새 시민교회는 현실의 문제로 고민하고, 불안과 좌절 속에 소망 없이 살아가는 이웃들에게 새로운 삶과 희망의 길을 안내하는 비전 중심의 교회입니다.

새 시민교회는 새 백성으로 새 출발, 새 마음, 새 역사를 위해 항상 문이 열려 있습니다. 활짝 열린 문으로 언제든지 오십시오. 당신을 향한 하나님의 사랑이 있습니다.

저·자·소·개

　권기호 목사는 고신대학교 신학과와 고려신학대학원을 졸업하고, 웨스트민스터신학대학원대학교에서 신학석사(Th.M)와 신학박사(Th.D) 그리고 LBU에서 철학박사(Ph.D) 학위를 받았다. 그 이후 고려신학대학원 목회대학원을 개강부터 현재까지 다년간 수학하고 있다. 박사학위논문으로는 마가복음 8:22-10:52에 나타난 예수님의 수난 예고에 관한 연구와 예수님의 고별 설교에 나타난 상호 관계성에 관한 연구가 있다. 저서로는 전도용으로 '스타신앙과 스타생활'이 있고, 설교집으로 '오직'이 있으며, 창세기에서 요한계시록까지 '성경의 이해'가 있다. 2009년부터 성경연구원을 개설하여 목회자와 평신도들에게 성경을 가르치고, 신학교에서 목회자와 신학생들에게 성경에 대해 강의하고 있다. 1992년부터 단독 목회를 시작하여 현재까지 새 시민교회에서 목회하고 있다.

저자와 연락처
T. 010-9376-5596
E. kkh4912@hanmail.net